李煜传

世事漫随流水，
算来一梦浮生

肖正华——著

辽宁人民出版社

© 肖正华　2021

图书在版编目（CIP）数据

李煜传：世事漫随流水，算来一梦浮生 / 肖正华著. — 沈阳：
辽宁人民出版社，2021.10
ISBN 978-7-205-10267-8

Ⅰ. ①李… Ⅱ. ①肖… Ⅲ. ①李煜（937-978）- 传记
Ⅳ. ①K827=432

中国版本图书馆 CIP 数据核字（2021）第 182796 号

出版发行：辽宁人民出版社
　　　　　　地址：沈阳市和平区十一纬路 25 号　邮编：110003
　　　　　　电话：024-23284321（邮　购）　024-23284324（发行部）
　　　　　　传真：024-23284191（发行部）　024-23284304（办公室）
　　　　　　http://www.lnpph.com.cn
印　　刷：天津丰富彩艺印刷有限公司
幅面尺寸：145mm × 210mm
印　　张：9
字　　数：185 千字
出版时间：2021 年 10 月第 1 版
印刷时间：2021 年 10 月第 1 次印刷
责任编辑：高　丹
装帧设计：末末美书
责任校对：冯　莹
书　　号：ISBN 978-7-205-10267-8

定　　价：65.00 元

目录

楔子

楔子

公元 1978 年七月初七，是夜，汴梁城内人流如织，万里苍穹星月交辉。

大宋负责监视已降宋的南唐旧主李煜一举一动的人回来了，详细禀报完李煜方才和嫔妃及南唐旧臣们借祝寿之名聚集在一起的所作所为后，还呈给宋太宗赵光义一张带有字迹的宣纸，上面记载着李煜方才在酒后即兴所作的新词《虞美人》。

> 春花秋月何时了？往事知多少。小楼昨夜又东风，故国不堪回首月明中。

读完李煜这首《虞美人》的上阕，赵光义就火冒三丈，当场大发雷霆："好你个李煜，来我大宋俯首称臣都这么久了，竟然还贼心不死，这时候还怀有复国思想！赶快去把齐王给我叫来，朕找他有事！"

很快，同样爱好诗词歌赋且一直是李煜忠实"粉丝"的齐王赵廷美来了。赵光义知道他和李煜两人私下关系甚好，一有机会见面就喜欢在一起研习诗词。

投其所好，赵光义特地把《虞美人》递给赵廷美看，过了片刻，笑着问他："三弟啊，你觉得李煜刚写的这首词怎么样？"

此时此刻的赵廷美完全沉浸在《虞美人》优美的韵律和辞藻里，一时还不明白赵光义这么问到底是什么意思，所以迟迟不敢回答。

赵光义见状，又笑着说："真是首绝美的好词啊，我要是南唐百姓，看了也一样会感动落泪。听说现在已有南唐来的宫女在传唱这首词了，今天恰巧是李煜的生日，你代我去给他送一壶好酒吧，就当是给他祝寿了。"

赵廷美一听都这么晚了皇帝哥哥突然宣自己觐见原来是代他去看望六郎李煜，高兴极了。平日里未经赵光义应允，任何人都不能随便见李煜，细算起来，自己已经很长很长时间没见到他了。

一路催促车夫快马加鞭，赵廷美见到李煜后，两人寒暄了好一会儿。

"六郎，天色已晚，我得回去了，改日再来看你，这是陛下让我带来的好酒，说给你祝寿。今天你喝了这么多酒，也早些安歇吧！"赵廷美道。

依依不舍地辞别志趣相投的齐王赵廷美，毫无心机的李煜突然觉得有些口渴，痛快喝下了赵光义赐的那壶酒。谁承想，不一会儿，肚子就剧痛起来，倒地后不到片刻工夫，他的整个身体就弯曲得像一张弓。

到死，李煜都想不到，原来宋太宗差好兄弟赵廷美送来的这壶祝寿酒里含有一种名为"牵机药"的毒药，服后会立即破坏中枢神经系统，让人全身抽搐，最后头脚缩在一起，死后的形状如同一台织布机。

独自莫凭栏，无限江山，别时容易见时难。流水落花春去也，天上人间。

弥留之际，看着小周后等人抱成一团号啕大哭，李煜无语凝噎，涕泪纵横。死神正一步步向他靠近，恍惚之中，他还在想着：

像我这样，如今如此孤独的人就不要继续活在这个世界上了，我的江山一别之后就再也见不到了。

在这个流水落花的时节，就让我离开这个满是悲伤的世界吧。离开人间，飞到天上去；离开车如流水、市列珠玑的汴梁，飞回凤阁龙楼连霄汉的金陵去。那里还会有雕栏玉砌和梦中红颜在等我吗？还能见到娥皇吗……

第一卷

乱世风云
天生异相赋异禀

公元 878 年，黄巢起义爆发，历经二十一帝、享国 289 年的大唐王朝的统治根基被破坏，帝国大厦开始倾覆，大江南北藩镇割据，风起云涌。到了公元 907 年，唐末最大的藩镇王朱温改国号为梁，在河南开封称帝，唐朝彻底覆灭。由大规模藩镇割据形成的"五代十国"政治大分裂格局中，地处江南腹地、繁华富庶的南唐成为兵家必争之地，出生时一目双瞳、丰额骈齿的李煜，从小就与这个国家的兴衰沉浮、悲欢冷暖紧密相连……

（一）双瞳男婴　降世七夕

公元 937 年，七月初七，黄昏，一阵突如其来的急雨过后，天气转晴，彩虹如桥。

渐渐入夜的金陵古城雨润芭蕉、风停花落，万家灯火在夜幕中次第燃起。

往日秦淮河畔满街熙熙攘攘、比肩接踵的人群，因为这场从天而降的急雨明显少了许多，偶尔会有三三两两撑着江南油纸伞的过客，但都来去匆匆。

被雨水认真浣洗过的万里苍穹，异常清爽整洁，风停过后，再也没有起任何褶皱。古城金陵一度喧嚣浮华，此时此刻这方天地之间却显得格外安静。

南吴权臣徐知诰得众人拥护正紧锣密鼓地筹备登基大典，朝廷内外诸事繁忙。正在宫中参议朝事的徐知诰之子徐景通得知自己的妻子快要生了，匆匆辞别父亲和文武大臣，快马加鞭赶回府中。

在寝室外等候时，徐景通老踮起脚向里面张望，并不停向上苍祈祷，希望菩萨能保佑新生儿能顺利降临。

突然，一颗带着紫气的流星从苍穹的眉宇间划过，随即坠入金陵古城内徐家这座富丽堂皇的府邸。没过多久，从这府里传出一阵清脆悦耳的婴啼……

"启禀大人，夫人生了！是个下面带把儿的小子！还是双瞳人！"

来接生的婆姨，接生这活儿干了大半辈子了，这还是头一次碰见一只眼睛里长有两个瞳孔的婴儿。

"是吗，太好了！快抱给我看看！"

早就迫不及待的徐景通走进寝室，从服侍妻子的丫鬟手中抱起刚出生的儿子，仔细端详起来。怀中这婴儿，果真丰额骈齿，其中一只眼睛竟长了两个瞳孔！

"快去宫里禀报父亲，这真是好消息，天赐祥兆，天佑我们家族！父亲如得知我六儿是双瞳人，还有丰额骈齿等圣人之相，肯定会高兴！"

激动不已的徐景通吩咐完毕，埋下头亲了亲怀里眉目清秀的婴儿，小心翼翼地抱着他走向温软的床榻，和妻子钟氏一起好生欣赏起来。

也许是冥冥之中注定，抑或天意使然，在七夕之夜降临人间，这个天生异相的婴儿，就是后来靠一身文艺才华名扬千古、至今仍被世人称赞的南唐后主李煜。

得知刚刚出生的孙儿一目双瞳、天生异相，在不间断的忙碌中深感身心疲惫的徐知诰，当着文武大臣的面，仰天大笑……

一帮出生入死、一起打天下的兄弟，在殿前弄明白准皇帝徐知诰为何突然龙颜大悦后，一个接一个地阿谀奉承，都催他尽早顺应天命，举行登基大典。

"这可了不得！自古以来，一目双瞳者，那可都是大人物……"

"是啊，黄帝时期造字左史官仓颉，轩辕黄帝八世孙虞舜，秦末一代枭雄项羽……历史上的这些为数不多的一目双瞳者，最终个个都名留青史……"

就在文武百官们在皇宫大殿内纷纷向徐知诰道喜时，钦天监又前来跪报说，方才小公子降世时，苍穹之上霞光万丈，有一条彩色巨龙盘旋于皇宫大殿之巅，久久不肯离去。"这是少有的吉兆啊，恭喜大人！"

徐知诰听后更是喜笑颜开："果真是天降祥瑞！天佑我也！"

在场所有文武百官听钦天监这么一说，更加认为徐知诰废吴即皇帝位，乃是上天的旨意，刚刚降世的这个孩子，更是命中注定的储君和帝王。

很快，这事从宫里面传了出来。一传十、十传百，没几天整座金陵城的人几乎都知道了徐景通刚出生的六儿子天生不凡，一目双瞳，有着与生俱来的帝王之相。

身为父亲、一直深谙朝野和庙堂之道的徐景通，心里自然乐开了花，思虑再三后，特地给这个儿子取了个与江南诗情画意高度匹配的名字——从嘉。其中，"嘉"字象征着美好、吉庆、幸福、快乐。

"从嘉"二字，一开始就承载了徐景通对儿子未来的美好期许……

彼时，身为吴国头号人物的徐知诰还没恢复原本的李姓，但权势早就如日中天的他，已做好随时将野心变成现实的各项准备。而这个天生帝王相的双瞳孙儿的降生，再次给他带来莫大的鼓舞。

"这个孩子在这时候来到我身边，想必'废吴称帝'早就命中注定，老天爷都在下旨催我登基，那我还有什么好顾虑的呢？"

吴国被灭后，徐知诰正式恢复李姓，更名为李昪，取字正伦，在文武百官的前呼后拥下穿上龙袍、登上皇位，改国号为唐，定都金陵，随即大赦天下。

为笼络天下人的心，李昪在即位诏书中宣称自己是大唐王朝李氏家族的后人，身上自始至终都流着这个家族的高贵血液，尽管此时大唐王朝早已是过去式。

李昪家族是确有李唐基因，还是李昪在那里胡编杜撰骗人，在那段苍黄岁月里，其实都无关紧要。总之，只要能让天下人接着信服他，就跟当年信服吴国大元帅徐知诰一样，这就够了。

正式更名为李昪前，徐知诰这个名字又是怎么回事呢？

这还得从唐末风起云涌的藩镇割据说起。唐朝末年，天下大乱，战争如同家常便饭。在藩镇割据势力形成的 10 个"割据王国"中，数吴太祖杨行密所掌控的淮南地界最有实力，但其子杨渥即位后骄奢淫逸、不恤政事，昼夜酗酒作乐。

杨渥昏庸无能，使得军政大权旁落，主要集中在张颢、徐温手中。后来，张颢借机杀掉了杨渥，对外佯称吴王暴毙，但又怕事情败露，便密谋求后梁庇护，结果不小心露出蛛丝马迹，授人以柄，被徐温以弑君之罪诛杀。

张颢被杀，徐温表面上极力维护任其摆布的政治傀儡、杨行密次子杨隆演，实际上一手遮天，最终将吴国的军政大权统统都握在了自己手中。

"螳螂捕蝉，黄雀在后。"一个叫李彭奴的人，后来又在不经意间一步步打碎了徐温家族的权力美梦。

史料中记载，杨行密在世时曾在濠州名刹开元寺收养了一名姓李被呼为"彭奴"的孤儿。话说这李彭奴六岁丧父、八岁丧母，从童年开始就四处漂泊、居无定所，靠乞讨勉强维持生存，但却生得气宇轩昂，双目带电不说，还十分聪慧伶俐。

公元895年，杨行密攻取濠州大获全胜，特意来到开元寺拜佛布施。在禅房留宿时，偶然地一瞥，看见了李彭奴，瞬间就被这个气质非同寻常的小沙弥给深深吸引了。

后来和老僧人在一起交谈时，杨行密得知李彭奴老实勤快，但孤苦无依，突然心生同情和怜悯。第二天，杨行密同该寺住持商量，让这个剃度的孩子还俗，并认其为养子，把他带回了自己家中。

出身卑微、浑身上下又脏又臭的李彭奴突然凭空出现，还备受父亲百般喜爱，这让杨行密的亲生儿子们颇为不满，无时无刻不在绞尽脑汁想方设法排挤、打压他，更不屑与这个小乞丐以兄弟相称。

无奈之下，为照顾亲生儿女们的情绪，杨行密只好将李彭奴交由堪称草莽豪杰也算莫逆之交的部将徐温收养。

跟了徐温后，李彭奴改随徐姓，于是便有了徐知诰这个名字。

凭借聪明和眼力见儿，乱世之中侥幸得到贵人相助的徐知诰，孝敬徐温夫妇如同自己的亲生父母，事事周到，处处细心。因为懂得感恩、知道孝顺，徐知诰深得戎马半生的徐氏夫妇的喜爱，也将心比心地把他当作亲生儿子一样对待。

自古以来，命苦的孩子都比较早熟。徐知诰自幼就喜欢读书，既勤奋耐劳又精通骑射，超群的智慧和才华随着年龄的增长日益彰显，在言谈举止、待人接物方面高出同龄人一大截，很多受过正统教育的贵胄子弟也都望尘莫及。

岁月如流，经过大大小小的世事跟种种苦难的百般磨砺，生在乱世中的徐知诰最终靠着自己的刻苦努力，在风风雨雨中成长为文武兼修且不可多得的将才。

公元 920 年，杨隆演去世后，徐温拥立杨溥为吴王。公元927 年，徐温突然一命呜呼，徐知诰在一片混乱中以雷霆之速排除异己、夺得先机，随后顺利承袭其位，很快就掌控了吴国的朝政大权。

公元 937 年，迫于压力，已称帝的杨溥不得不主动下诏禅位于徐知诰。一切变得名正言顺后，徐知诰坐上皇帝宝座，3 年后改回李姓，取名为昇，史称唐烈祖。

自此，"五代十国"之南唐政权正式开启 39 年的历史征程。

人世间的重重磨难和各种复杂的权力角逐，让最终靠实力和谋略走上皇帝之位的李昪深谙治国驭民之道。

称帝后，李昪在军事上休兵罢战，坚持与邻国保持友好；在经济上轻徭薄赋，鼓励兴商……

一系列强有力的举措使得南唐的经济社会得以蓬勃发展，再加上本身地处江南，水草丰茂，田地肥沃，偏安一隅的南唐百姓虽身处乱世，依旧能安居乐业。正式建国后的南唐，日渐繁盛起来。

四十年来家国，三千里地山河。凤阁龙楼连霄汉，玉树琼枝作烟萝。几曾识干戈。

若干年后，打小就备受父亲李景通、祖父李昪等人庇护和宠爱的李煜，面对自己治下南唐的千疮百孔、病入膏肓，回想起过去一度辉煌的家国岁月，以及祖父那辈艰难的创业史，在寂静的夜里写下了《破阵子·四十年来家国》这首词。之后独自仰望万里苍穹，内心深处翻江倒海、五味杂陈……

上天无德，造化弄人。

生性羸弱、从未想过要去跟人争权夺利的李煜，成年后却偏偏意外得到了他从未想要的皇位。这种来自上天和命运不可抗拒的人生安排，既让他百般痛苦，又让他无可奈何。

"古往今来，没有哪一叶随水而泊的浮萍，能任由自己的兴致选择扎根之所。做个普通人，过着市井百姓般自由自在的平淡日子该多好！可我李煜，今生今世却偏偏生在了金戈铁马、流血争霸的帝王家……"

人在江湖，尚且身不由己；生在皇室，更是天命难违。

这是宿命，是李煜这一生一直想摆脱但始终都无法摆脱的宿命……

（二）天资聪颖　诗意童年

　　银烛秋光冷画屏，轻罗小扇扑流萤。天阶夜色凉
如水，坐看牵牛织女星。

　　晚唐诗人杜牧这首著名的《秋夕》，写的是一名孤单的宫女，
于七夕之夜仰望天河两侧的牛郎织女，不时扇扑流萤、排遣心
中寂寞的场景，诉说着七夕月下妙龄宫女形影单只、举目无亲
而又百无聊赖的苦闷。

　　这只不过是萧墙深处万千失意宫女生活孤寂幽怨的缩影
罢了。

　　在群芳斗艳的后宫，多少这样的妙龄少女，夜不能寐，苦
苦等待帝王临幸。月华如练，天街如水，而君情如冰，她们大
多数只能黯淡地过完凄凉的一生……

　　源自上古时期的七夕节，充满了浪漫色彩，不只是男欢女爱，
更蕴含着人们对世间美好生活的向往。

　　在这天夜里降世的李煜，不仅给家里带来了添丁加口的喜

气，还为整个李氏家族乃至南唐带来了天赐吉祥与富贵的美好期望。

正因如此，自出生之日起，李煜便得到众人的百般宠爱，更被祖辈父辈共同视若珍宝。

从人世间最底层一路披荆斩棘走过来的唐烈祖李昪，好不容易才有了如今的皇权和皇位。每当夜深人静，仔细谋划自己掌控的如诗如画的江山，默念起家族上下不断增添的庙堂子嗣，尤其是李煜这个天生一副帝王相的皇孙，让他觉得一切都来之不易。"上天的恩赐，今生今世一定要好好珍惜。"

南唐建国之初，山河重整，百业待兴。

日子一天天向前，就跟连绵不断的江南烟雨一样，不曾有过停歇。地处金陵古城的南唐皇宫，正殿依时辰一开一阖，文武百官每日清晨准时入朝参议国事，无论风霜雨雪，从不间断。

每每上完早朝、批完各地大臣们递上来的折子，最让唐烈祖李昪挂念的，始终是嫡长子李景通家中那个带着一目双瞳降世的皇孙。瞧他那玲珑剔透的眼神，像极了当年在濠州开元寺做沙弥时的自己。

"上天自古就有好生之德，看人世间百姓长期遭受水深火热之苦，所以特地派你下凡来助我一臂之力，一起光复大唐的，对不对？"

李煜看他祖父李昪时的神情，就像李昪小时候每次近距离看恩公杨行密一样，是那般温柔、亲切。

一日，处理完朝堂政事，唐烈祖李昪又迫不及待地来到长子李景通的府邸，专程来看自己的宝贝皇孙，并吩咐一家老小亏待谁都不能亏待这个上天恩赐的灵童，一定要派专人看护，切不可有半点闪失。

皇帝都亲自发话了，谁还敢怠慢！

自小，李煜的乳母、丫鬟、侍仆、衣食和日用之物等，但凡能想到的，都是经过精心挑选的，且都是金陵城甚至整个南唐最好的，谁都没法比。

自打认定天生异相的李煜能带给自己及整个家族好运气，南唐始祖李昪愈加勤勉刻苦，长年累月一心扑在国事上，鲜有声色犬马之念，他真心实意地想在南唐再现类似大唐先祖曾创下的"贞观之治""永徽之治"等繁华盛世。

为了这一桩宏图夙愿，唐烈祖李昪在位期间坚持实行"保境安民"的基本国策，对外一律要求休兵罢战，敦睦邻国，与毗邻诸国保持友善关系，并结好契丹以牵制中原政权；对内则千方百计发展经济，轻徭薄赋，劝课农桑，与民休息并鼓励商业。

更值得一提的是文教方面，饱受人世沧桑尤其爱好文艺的李昪先是在庐山白鹿洞建立了学馆，后下诏要各地仿效，还在金陵城内设置了国子监、太学，兴科举并广建书院、画院。这些都极大促进了南唐文学、美术、书法、音乐等事业的蓬勃发展，加之李昪在年轻时本就喜好诗歌，由此笼络了不少文人雅士。

即皇帝位后，李昪比之前更加重视文化教育，还特地将从各地征集来的三千多卷书，收藏在他治理升州时设置的"建业书房"内，为南唐日后发展成为"文献之地"，开了先河，也身体力行地做了表率。

现世安稳、美丽富饶的南唐，一时成为乱世中无数文人雅士们的理想栖身地。建国后没几年，天下文人墨客接踵而至，纷纷扎根南唐三千里锦绣山河，尽情尽性畅饮高歌，自由自在挥毫泼墨。

受祖父和父亲在文学艺术方面喜好的熏陶，天资聪颖的李煜从小就偏爱诗文，且表现出超人的天赋。满1周岁时，宫里依传统习俗让皇子李煜"抓周"，这小子第一个抓的，竟是本诗文集。

近300年的李唐江山本就锦绣繁华，由此滋育了大唐后人浓郁的书卷气。

不管是父亲李景通，还是祖父李昪，一有空就会不厌其烦地前来教李煜研习诗词，从简单的，到稍微难一点儿的，一遍遍反复教给他，并告诉他这些诗词大概说的是什么意思。

李煜快7岁时，有一天李昪忙完政事后又专程来嫡长子府上看皇孙李煜，顺便想考查他近些日子在诗词上的研学成绩。

聪明伶俐且知书达礼的李煜，抬头看见是李昪，立马跑过来给他最爱的皇帝爷爷请安、行大礼。

接下来，在面对皇爷爷亲自考核时，李煜竟然能在很短的时间里熟练地背诵起魏晋时期曹丕的那首流传甚广的《燕歌行》：

秋风萧瑟天气凉，
草木摇落露为霜，

群燕辞归雁南翔。

念君客游思断肠，

慊慊思归恋故乡，

何为淹留寄他方？

贱妾茕茕守空房，

忧来思君不敢忘，

不觉泪下沾衣裳。

……

"景通，你看，孙儿背的这首《燕歌行》果真是一字不差啊，朕的皇孙真的是天赋异禀，光复我大唐近300年的盛世繁华，是大有希望啊！"

李景通听罢，自然高兴，接连道谢。李昪又问起李煜："好孙儿，会背《燕歌行》，你知道这首诗说的是什么意思吗？"

"皇爷爷，我知道，这首诗说的是一个孤独的人在萧瑟的秋风里，因格外思念出外远游的人，还有故乡，肝肠寸断，眼泪不停地流，一串串打湿了他的衣裳。到了深夜里，看着皎洁的月光和灿烂的星河，依旧忧心得睡不着觉……"

别看李煜年纪小，除了会流利地背诵曹丕的这首《燕歌行》外，竟然还能把其所蕴含的意境说得头头是道。

"哎哟！我的小乖乖，你真明白其中的意思啊！说得如此有模有样，简直神了！照你这个势头继续发展下去，日后定能跟李白、杜甫等一样，名满天下！"

唐烈祖李昪在倍感欣慰和高兴之余，随口夸起李煜。没承想若干年过后，这几句话竟成了现实。在治国理政上，虽然身为南唐后主的李煜最终与"千古一帝"无缘，但却成了屈指可数的"千古词帝"。李煜在诗词艺术上的造诣可谓登峰造极，一度被誉为"传李唐之薪火，为赵宋之先河"。

除了在诗词方面表现出极大的天赋外，童年时期的李煜同样对书法、音律、绘画等产生了浓厚的兴趣。在长期不断模仿和研习中，李煜在书法、音律、绘画等方面的积累也日渐精进。

巧的是，祖父李昪和父亲李景通也同样很喜欢这些东西，时常予以言传身教，还会请来在诗词、书画、音律等各个领域冒尖的人来府上细心指导。这让天资聪慧且勤奋好学的李煜，广涉文艺各个领域并茁壮成长。

经过长时间有规律的研习积累和专业化培训，自幼时起就游弋在文学艺术海洋里的李煜，更加如鱼得水。天生就有才，加上经过层层有组织的训练，以及来往达官贵人们的口口相传，小小年纪的李煜很早就在南唐国内声名远扬，成为家喻户晓的天赋异禀的"小神童"。

"熟读唐诗三百首，不会作诗也会吟。"

研习古诗词多了，会诵读还会学着去领悟其中意韵，李煜在诗情画意的长期浸染和熏陶下，也慢慢学会了触景生情。

除了时不时就"月落乌啼""花落花开"等发表出人意料的感慨外，从李煜嘴里，偶尔还会冷不丁地吐出一些源自脑海深处的精美散章和短句来，令人惊叹不已。

地处江南腹地的南唐，四季烟雨，如诗如画，草木繁枯更迭，皆为良辰美景。

在这里度过美好童年时光的李煜，比谁都逍遥快活，比谁都无忧无虑。集两辈人宠爱于一身，在皇宫里的每一天，娇生惯养的李煜的生活都如那些绝美诗词所营造的意境一样五彩缤纷。

而此时，在南唐之外的广阔大地上，到处都在上演纷繁战乱、刀光剑影，不知道有多少跟李煜同龄的少男少女，每天食不果腹、流离失所……

第二卷

萧墙纷争
唯有诗词寄空门

　　"一入红门深似海，从此半点不由人。"萧墙深处，难谈自由。何况生在帝王家，很多事更是身不由己！仔细想来，古往今来所有握皇权、坐龙椅、穿龙袍的君王，哪个不是人世间最孤独的人？因为鲜有人真正可以完全相信，为了利益，谁都有可能随时随地变心和背叛，能相信的其实只有自己。历朝历代，无处不在的"萧墙纷争"，常令人毛骨悚然。李煜身为皇子，即便无心权术，终究也难逃皇权争夺噩梦，故更愿意全心沉溺于诗词歌赋……

（三）祖父薨逝 痛哭流涕

人生于世，有很多事跟很多际遇，都似乎是命中注定，根本无从解释。

回望李煜故事曲折、剧情丰富的一生，始终摆脱不了跟"七"字之间的纠缠。你看，他先是生于七月初七，后在升元七年（公元943年）步入漫长人生道路的第七个年头时，就在这年的二月，万物竞发、百鸟呢喃的江南春景即将到来时，给了李煜美好安详与幸福快乐童年的南唐，发生了一件举国上下都为之震动的大事！

李煜的祖父、南唐政权缔造者唐烈祖李昪因口服大量丹药中毒满身生疮，病情极度恶化，怎么治都治不好。

天气越来越暖和，还没来得及好好享受江南初春一天一个模样的美丽景色，李昪就去世了！

跟之前很多帝王一样，唐烈祖李昪在最后的几年人生光景里，深陷迷信不能自拔，硬是相信这世间真有仙丹妙药可保长生不死，故痴迷于炼丹并口服了大量所谓的丹药，结果越炼越吃身子骨反倒越差。

李昪自己口服丹药中剧毒也就罢了，但他是皇帝啊！

自古以来，皇帝的身子从来都不只是他们自己的。他这一中毒，等于把整个后宫都给"荒废"了。

萧墙深处，三宫六院里那些娇嫩如花且正值青春年华的嫔妃，日日夜夜都在苦苦盼着君王临幸，最后却因李昪的身体问题不得不夜夜独守空房。

烟花三月，本是春暖花开、蜂蝶嬉戏的美好浪漫时节，江南大地却因南唐开国始祖李昪的驾崩，徒增了不少哀愁和伤感的气息。

依礼办完国丧，李煜的父亲李景通以嫡长子身份名正言顺承继大统，改名为李璟，是为唐元宗，后人多称其为"中主"。

登基后，李璟尊母亲为圣尊后，立正妻为皇后。

李煜跟他的兄弟姐妹们，自然而然成了皇子和公主。

这李璟乃唐烈祖李昪正室宋氏所生，在家里头又是长子，依封建社会帝王传位的嫡长子继承制，他自然是铁板钉钉的皇储和未来皇权的继承者。此外，一些史料中记载的一个戏剧性的故事，也在偶然间巧妙成全了皇长子李景通。

一日，唐烈祖李昪午睡时梦见一条喷云吐雾的飞龙从天而降，周身的鳞片金光四射，绕过升元殿的西楹直奔大殿而去。在梦中惊醒后，唐烈祖李昪觉得在大白天里做此梦很是蹊跷，便派贴身侍卫前去察看。

奉旨前去探察的侍卫回来禀报说，此时此刻皇长子李景通正在升元殿身倚西楹聚精会神地观看着大殿柱子上的雕梁画栋。

唐烈祖李昪听后心里不由一怔：莫非景通就是梦中这鳞片金龙的化身？难道这是天命？是上天在替我做最后的决定？

尽管子嗣众多，其中不乏令李昪欣赏和看好的皇子皇孙，仅皇子就有李景迁、李景遂、李景达、李景逷可选择，但"天命不可违"！李昪最终下定决心顺应"天意"，将皇位传给皇长子李景通，不再踟蹰和摇摆。

李煜最崇拜的祖父李昪在位虽只有短短七年，但经其呕心沥血的辛勤付出和废寝忘食的励精图治，同时妥善安置了从中原一带流落至江淮的数以万计难民，后又通过实行轻徭薄赋等休养生息政策，使南唐社会经济得到很大程度的发展。

从当时情况看，南唐也许不是疆土面积最大的国家，李昪原本也无心对外开疆扩土。但在经济和文化实力上，南唐却一跃成为"五代十国"中的佼佼者。

> 帝生长兵间，知民厌乱。在位七年，兵不妄动，境内赖以休息。性节俭，常蹑蒲履，用铁盆盎。暑月，寝殿施青葛帷，左右宫婢裁数人，服饰朴陋。建国始，即金陵治所为宫，惟加鸱尾，设阑槛而已，终不改作。仁厚恭俭，务在养民，有古贤主之风焉。

南宋文学家、史学家陆游曾就南唐始祖李昇的功绩，予以高度评价。

好不容易才重新走向繁荣昌盛的南唐，虽比不上大唐王朝鼎盛时期的疆域辽阔、万国来朝，但终究在乱世之中营造出了盛世的万千气象。

从大唐王朝末年乱世风云中一路走来，从市井最底层一路走来，从一茬接着一茬不停变幻的 10 个"割据王国"以及一直未曾停下来的历史硝烟中一路走来，有着丰富人生阅历的唐烈祖李昇，即将驾鹤西去之际，心里面清醒得很：

"所有繁华和光鲜背后必深藏着隐患！如不未雨绸缪，如没忧患意识，必将死于安乐！我南唐正值兴盛，但如不继续奋斗，家国大业势必也将毁于一旦！

"从人世间最底层走出来、摆脱命运枷锁后，我李昇奋斗一生，才有了如今日渐繁盛的南唐，按理说心愿已了，奈何还舍不得南国这片土地，舍不得自己创下的这份家国事业呢！"

太医院的太医们对唐烈祖李昇持续恶化的病情束手无策。李昇知道自己在人世间所剩时日不多，即将离世前，抓紧立遗嘱、安排身后事。

"我儿景通，现在我郑重地把南唐交给你了，以后你就是这个正在中兴的国家的皇帝了。打江山容易，守江山难。自古以来，无论秦皇还是汉武，乃至持续了近 300 年的大唐王朝都在反复证明这个道理。你一定要谨记！

　　"我南唐虽偏居江南一隅，但有如今这般民富国强模样实属不易，这都依托于我们一贯坚持对外不举兵、不参战，对内轻徭薄赋、休养生息。今后，要继续大力发展文化教育及艺术事业，丰富百姓精神；同时要令官员们以身作则、执政为民、勤俭持家，不贪恋声色犬马；还要团结叔伯兄弟，内部不能树敌太多。

　　"这些是我这一生总结和恪守的法宝，也是咱南唐不断走向繁荣昌盛、稳步向前的秘密武器，千万要记住：不可沉迷贪图享乐，不可逾矩行不合国情民生之举，免得到头来自己搬石头砸自己的脚！"

　　……

　　唐烈祖李昪之所以在弥留之际强调以上几点，一是因为这些年这个皇长子没少跟一些大臣上奏要开疆扩土，挑起战事，参与地盘争霸；二是因为有一次碰巧看见李景通手把手贴身教一个漂亮宫女学音律，有贪恋女色、不务正业之嫌。

　　除了放心不下南唐三千里锦绣江山及新皇李景通，即将仙去之际，唐烈祖李昪更放心不下他一直以来都十分看好并重点培养的皇孙李煜。

　　一转眼，李煜都已经7岁了，多好的年龄，多好的时光啊！在李昪想要登基那年，李煜应着七夕之夜浪漫出世，天生异相、天资聪慧，如今已懂人事了。

　　你瞧李煜，这少年不仅人越长越英俊，在诗词方面也达到了一定水平，现在都会自己模仿着遣词造句了。书法、绘画方面经过融会贯通，已开始有了他自己的想法，音律方面同样精进不少。

"皇爷爷我不要您死，您要好好活着，我离不开您，我还要向您请教诗词、书法、绘画、音律呢！您怎么就能忍心丢下我不管呢……我也跟您一起去！"

打小性格阴柔、心思细腻的李煜，看着皇爷爷日见消瘦和枯槁的脸庞，忍不住掉下泪来，一串接着一串，很快打湿了他的衣襟。

那伤心欲绝的痛苦模样，如同那年他给皇爷爷释意魏晋时期曹丕所作《燕歌行》里呈现出的意境："……肝肠寸断，眼泪不停地流，一串串打湿了他的衣裳……"

"难得我孙儿有这份孝心，你是天上的文曲星下凡，是我李唐家族的骄傲，大家都等着你能有一番大作为，为国为民出大力气并光耀门楣呢！你一定要继续努力，就跟你在诗词、书法、绘画、音律方面所下过的苦功夫一样！"

唐烈祖李昪再次深情地凝望着眼前这既懂事聪明又惹人喜欢，还因天生异相和突出才情早就名扬南唐的皇孙。那满是欣赏的眼神，如同当年自己在濠州开元寺做沙弥时，恩公杨行密痴痴地看着自己一样。

"景通啊，你要多费点心思花在从嘉身上，他虽天资过人，但……"

唐烈祖李昪好像忽然想到了什么重要的事，正准备交代给自己的大儿子，却如同被牛鬼蛇神给活生生拽走了一样，只留下了一个"但"字……

唐烈祖突然驾崩，所有在场的皇子皇孙以及臣子侍从们齐刷刷跪下，头披白麻，哭声震天撼地。

"皇帝驾崩了！"太监总管很快在全皇宫通告了这个消息。

原本富丽堂皇、一片繁华的皇宫，还有那些高不可测的大殿，顿时变成了人世间演绎生离死别悲剧的丧事场。

长期浸透在诗词歌赋和绵柔音律构造的缠缠意境中，李煜本就多愁善感，见到眼前这阵势，更哭成了泪人，泪雨滂沱，伤心欲绝。

"我一直深爱着的，也一直深爱着我的皇爷爷，终究还是丢下我去了。自此之后，苍茫人世间再也没有一位魁梧威猛、果断决绝却又温润如玉的皇爷爷，在风雨来临时，全力护佑我了。"

伤心极了的李煜，在众人的哀号中仿佛看到自己此时正在空旷的田野上放风筝，突然天地间狂风大作、飞沙走石，紧接着大雨滂沱，风筝线突然断了。他怎么喊都没人应，自己也跟在风雨中飘摇不定的风筝一样，瞬间变得六神无主！

根据后来李煜阴差阳错承袭南唐皇帝位，却自始至终无心操持朝政，依旧习惯沉迷于诗词歌赋、声色犬马的种种表现来看，想必当年唐烈祖在弥留之际留下的"但"字后面是想说：

"景通啊，今后你要多培养下从嘉的'血性'和'阳刚之气'。男子汉大丈夫，如性格太过阴柔，太过多愁善感，在风雨无常的尘世和尔虞我诈的权力争斗中，凭什么去成就一番千秋大业呢？"

（四） 长兄嫉恨　胆战心惊

唐烈祖李昪临终前的嘱咐，唐元宗李璟即位后没多久，就忘得一干二净！

父皇还在世时，过于严苛的皇家纪律约束，让李璟有时候甚至感觉有些窒息。连手把手教一个皮滑肉嫩、合乎自己心思的宫女音律，都要挨父亲一顿训斥，哪还敢有其他贪图享乐的心思和举动呢？

等到李璟即皇帝位后，他觉得有些东西要变一变，也该变一变了！

"我南唐现在已经是10个割据王国里的佼佼者了，国库充盈，百姓安顺，各方面事业都在蓬勃发展，干吗还要继续这样死气沉沉？该有的歌舞升平还是要有的，它也是盛世年华的重要组成部分和外在表现不是？"

李璟心里这样想了，嘴上这样说了，实际也这样做了。

说好的不应涉猎声色犬马，李璟带头打破了；嘱咐好几遍不要随便对外出兵征战，但经过一段时期的发展壮大，李璟已控制不住对外扩张的野心了。

公元 944 年，唐烈祖李昪驾崩的第二年，李璟一声令下，南唐将士便浩浩荡荡出征闽国。这仗一打就是 3 年，把烈祖李昪在南唐之初积累下来的财力和物力消耗掉了大半。

原本将要走向更加繁荣的南唐，因这场不该发起的不合时宜的对外战争而遭受严重的内忧外患，好不容易殷实起来的国库，几乎空空如也。

为维持日常各项开销，南唐朝廷不得不一反常态地增加赋税，想方设法鱼肉百姓。国人都跟着遭殃，陆续引发各种不满，朝廷内外也开始动荡起来。

公元 947 年，为保住自己的皇帝位，尽快稳住朝政大局，李璟特地封其弟李景遂为皇太弟、李景达为齐王，想方设法团结一切可以团结的力量……

到了公元 951 年，南楚发生内乱。这年 11 月，唐元宗李璟又趁机调兵遣将进入南楚，南楚末主马希崇率家族投降，南楚灭亡。

接连灭了闽国和楚国后，南唐得到疆土史上最大的版图，成为 10 个"割据王国"中领土最大的国家。

短短几年时间里，南唐接连灭闽国和楚国，震动了四邻，各国不得不高度警惕南唐。因为灭闽国，使得南唐与吴越交恶；因为灭楚国，使其在北边与中原皇朝发生利害冲突，在南边又与南汉之间互相猜忌。

连续不断的对外战争，进一步使南唐国库开了更大的无底洞。持续剥削和压榨老百姓，使得阶级矛盾尖锐，短短几年时间里就引发多起农民起义。

抛开这些纷繁的政事，由于唐元宗李璟和他儿子李煜都对文化艺术有着痴迷般喜好，因而持续推动着南唐文化不断走向新的繁荣，甚至达到"五代十国"时期的巅峰，在中国上下五千年历史长轴中留下了浓墨重彩的一笔。

李璟即位后，在重视文教方面比起唐烈祖李昪则更进一步。回头来看，南唐39年历史里昙花一现的三任皇帝，真是一任比一任重文，文化艺术事业也因此越来越兴旺发达，这与逐渐下滑的南唐国势形成了十分鲜明的反差。

随着阅历的不断丰富和日积月累的积淀，李璟不仅擅长书法，还十分痴迷绚丽的诗词。15岁那年在江西庐山读书堂求学时，他便在百花亭留下了博得时人和后人赞许的刻石诗句：

苍苔迷古道，红叶乱朝霞。

继承皇位以后，因实在不忍心看到留给自己诸多美好记忆的庐山读书堂随着时间的洪流被世人抛弃于草莽、不闻不问，李璟立即下诏以读书堂旧址为寺基，大兴土木，修建伽蓝寺。有了皇家财力、物力和人力的共同加持，伽蓝寺很快如期完工，李璟将其命名为开先寺，并令才华横溢、擅长写词的冯延巳著文。

基于冯延巳在《开先禅院碑记》中展现出来的文笔和才干，李璟先后委其以重任，由元帅府掌书记一步步擢升其为谏议大夫、翰林学士，后又提拔他任户部侍郎、同平章事，直到官居相位。

李璟如此酷爱诗词经文、对文化艺术如此痴迷，到底适合不适合做皇帝？能不能做好南唐的皇帝？一切都还是未知数，有待时间给出准确的答案。

源自父亲李璟一直深爱诗词文化，从小耳濡目染至深，李煜也在不断成长之间，沾染了越来越多的柔弱之气，不争、不怒、不温、不火，逐渐成了深入其骨髓的性情和性格基因。

在唐烈祖时代，因为刚刚建国，无论是江山社稷还是政治根基，一切都不够稳固，灯红酒绿、纸醉金迷的生活在官员身上是绝对不允许的。按相关律法章程，克勤克俭、安贫乐道才是为官者应有的风范。

除了以身作则外，唐烈祖同样对皇子皇孙们提出了严格要求，目的就是为了让李氏家族上上下下能专注于国计民生，齐心协力为早日实现家国复兴马不停蹄地奔走、废寝忘食地创业。

而到了唐元宗李璟时代，也许是在江南烟雨、才子诗文和佳人粉黛里浸润久了，让他忘记了家国天下及责任担当，刚开始还有些雄心壮志，越到后来越沉迷于声色犬马，越来越不思进取。

上行下效，慢慢地，贪图享受、不思进取的奢靡之风开始在南唐统治阶层萌芽，之前想干而不敢干的，如今都可以大张旗鼓地干了。李璟因为自身喜好，进一步将文化艺术娱乐事业推向了更加繁荣的高地。

这样一来，身临其境的李煜，也更加"入戏"。随着时间的推移，年龄的增长，李煜身上的阳刚之气越来越弱，书卷气反倒越来越浓。

很多时候，我们都是越长大越讨厌长大，也越害怕长大。

尤其是生在帝王家，父子君臣、叔伯兄弟到了时候就会觊觎起皇权跟龙椅，为争权夺利，弑父杀兄等泯灭人性之举，自秦汉以来总在萧墙里接连不断上演，未曾真正停下来过。

李璟称帝后，他的儿子们全都成了皇子，这本是顺理成章的事。但令李煜万万没有想到的是，身份上的变化加上备受世人欣赏的才华，竟然给他带来了数不清的折磨和无可奈何的痛苦。

自古以来，生长在帝王家族里的孩子，都容易失去寻常百姓人家的手足相亲之情，权力争夺战不可避免，不是你死就是我亡，谁跟你讲什么兄弟姐妹情深？

这类兄弟相残之事接二连三、没完没了，在李煜幼小的心灵里，笼罩上了"豆萁相煎"的可怕阴影。

李煜生来相貌非凡，阔额、丰颊、骈齿、重瞳，在很多人眼里天生就有帝王之相，加上会流利地背诗吟词，还能领略其中意，一直深受父亲李璟的喜爱。

这样一来，心胸狭窄、阴险毒辣的长兄李弘冀就开始妒忌，因害怕李煜会威胁自己的皇储地位，将其视为未来争夺皇位的"劲敌"。

时间越长，李煜越优秀，在皇长子李弘冀眼中，就越成了

"眼中钉""肉中刺"。

为打压可能争夺皇位的"对手"，李弘冀明里暗里使阴招儿，目的只有一个：让李煜频频遭受来自各个方面无端的指责，把李煜搞臭，让他名誉扫地，失去政治上的资本。

不安心，还是不安心。

数不清多少次失眠，多少次为眼前的形势而彻夜焦虑。

年长 6 岁左右的皇长子李弘冀看到李煜才华横溢，各方面成长和表现日益精进，也越来越深受父亲及文武大臣们的赞赏和眷顾，心里头老觉得不安，也很不是滋味儿。

16 岁时，李弘冀就被封为燕王，平日里看起来沉默寡言，但城府却一直很深，做起事来从容果断、心狠手辣，很少犹豫不决。

"这家伙从小就一目双瞳子，愈发英俊潇洒，人见人爱，花见花开，我若不提防着点，恐怕连本属于我的太子位置都没有了！"李弘冀心想。

可李煜呢，却总是那般天真无邪和单纯善良，对谁都没那么多花花肠子，没什么坏心眼儿，既不喜欢明争暗斗，也不希望看到兄弟相残。

但很多时候，人活在世上，不管你愿意不愿意，要来砸你的，依旧会来砸你，让你躲都躲不开、防都防不胜防。何况是身在萧墙深处，为了皇位争来争去置骨肉亲情于不顾的皇子们呢？

"我究竟该怎么做才能彻底消除皇长兄的顾虑？是细心解释、促膝交心，还是选择逃避？"

　　在为兄弟间的互相倾轧感到万般无奈与煎熬时，李煜最终选择了逃避。

　　"惹不起，我还躲不起吗？你走你的阳关道，我过我的独木桥，大家相安无事。"

　　越想相安无事，反倒越有事。从起初的心生妒忌到各种打压，之后越来越变本加厉，皇长子持续加码的无端排挤，让生性羸弱的李煜愈发胆战心惊。

　　"瞧现在这日子过的，束手束脚，简直跟做贼一般！"

　　记不清楚，究竟是有多少次在皇宫这寂寥冷清的夜里，被一串接着一串的噩梦惊醒，每次李煜都被吓出一身冷汗。

　　既可怕又防不胜防的"豆萁相煎"，让埋在李煜心里的阴影越积越大，为此经常做噩梦。

　　"欲加之罪，何患无辞？"

　　皇长子李弘冀那双像老鹰一样锋利毒辣的眼睛，无时无刻不在李煜背后，如鬼魅般盯着李煜，一直寸步不离地提防着他这个所谓皇权路上的"拦路虎"……

（五）浪迹江湖 与世无争

按理说接连灭了闽国和楚国后，成为"割据王国"中版图最大国家的南唐应该励精图治、轻徭薄赋，让黎民百姓好好休养生息，为政者须进一步以身作则、克己奉公，这样才能缓解接连对外战争给这个刚刚走向繁荣的国家带来的创伤。

可唐元宗李璟却有些得意忘形，或许是因为在很短时间内成功灭了闽国和楚国，对其他国家形成了震慑，或许是觉得南唐已经是"割据王国"中版图最大的国家，不需要再怕谁了，因此他逐渐疏懒成性，开始贪图享乐。

尝到了甜头，唐元宗李璟贪图享乐越来越上瘾，最后发展到连上朝也不那么积极了，朝政之事如何处理，主要看他老人家的心情。

心情愉快的话，冷不丁去通知文武大臣，上朝来议事；心情不好的话，干脆整日躺在六宫粉黛的温柔乡里，或者长时间沉溺于歌舞升平的笙箫管乐中。

这样一来，由唐烈祖李昪历经千辛万苦开创不久、本是生机勃勃如同旭日东升的南唐，逐渐开始变得暮气沉沉。军政机构办事均不给力，各种涉及国计民生的行动迟缓，整个国家上上下下开始呈现没落、衰颓之迹象。

跟越来越没血性的父亲李璟，还有那手无缚鸡之力、喜欢吟诗作画的弟弟李煜相比，皇长子李弘冀完全是另外一种秉性：年轻气盛、好武好斗。某种程度上，李弘冀也许更适合做身处乱世中的帝王，他虽然年轻，但野心勃勃、城府极深，遇事总能当机立断，做起事情来也一向心狠手辣、雷厉风行。

眼看着皇子皇孙个个都快长大成人了，到时候都要受封称王，唐元宗李璟鼓励他们多走出皇宫，到南唐各地走走看看，多一些游历，增长一些见识。

好几次出宫游历归来，李璟当众询问皇子皇孙在各地的所见所闻所感。刚开始，李煜都说得头头是道，所述见闻皆在体恤民情，所说感受都是自己的深度思考和策略建议，一听就是把游历当回事的，因此深受李璟欣赏。

而其他几位皇子呢，每每谈起出宫游历，虽也说得天花乱坠，但要么是些寻花问柳的勾当，要么是些低级趣味的东西，好几次还没等他们说完，就被李璟骂得狗血喷头，说他们不务正业，种种鸡鸣狗盗之举，有失皇子皇孙身份。

这样一对比，简直太明显了！李弘冀也因此更加视李煜为自己皇权路上的头号敌人！每次碰面，做哥哥的李弘冀看他这个天生异相弟弟的眼神，都带着一股阴冷的杀气！

刚开始，李煜还有些丈二和尚摸不着头脑，后来反应过来了：原来自己又错了！"众人昏昏，我也昏昏。众人皆醉我独醒，只能让积怨更深！"

敏感的李煜意识到了这一点后，再也不像之前那样实诚了。后来几次，也都跟着谈些风花雪月之类，被父皇李璟训骂："走着走着，你咋也走歪了！"

面对皇长子不断加深的敌意，受不了兄弟之间尔虞我诈、互相残害的李煜，最终选择了躲避，日日夜夜与诗词为伴，以示无心皇权争夺，只想做个闲人，只想寄情山水诗词之间。为表自己与世无争的心迹，李煜的一举一动，都在对外透露自己早已将功名利禄视为身外之物。

也因此，"思追巢（父）许（由）之余尘，远慕（伯）夷（叔）齐之高义"自然成了年纪轻轻本该意气风发的李煜在青春岁月里的信条。从他给自己取的号"钟隐"，别号"钟山隐士""莲峰居士""钟峰隐者""钟峰白莲居士"等来看，足见其憧憬隐遁的心志、心气。

游历山水多了，寄情诗词久了，李煜更加憧憬终生隐遁江湖的生活。这样一来，就可以摆脱人世间一切烦恼，忘掉一切恩怨。与世无争，驾一叶扁舟浪迹江河，远离红尘去过充满田园风味、怡然自乐的生活，该是多么的逍遥快活！

一日，擅长楼台殿宇、盘车水磨和写生人物工笔画的内廷供奉卫贤作好《春江钓叟图》，请李煜题签，他触景生情，欣然答应，在很短的时间里就即兴填下两首名为《渔父》、表达自己心志的词：

　　浪花有意千重雪，桃李无言一队春。一壶酒，一竿纶，世上如侬有几人。

　　一棹春风一叶舟，一纶茧缕一轻钩。花满渚，酒满瓯，万顷波中得自由。

　　好一个隔世隐居、与山水田园相伴的渔父！若真能如词中所言，一叶舟，一轻钩，一壶酒，一竿纶，那李煜便是世上最惬意的仙隐之士了！

　　你瞧，在这世外桃源，浪花如翻滚的雪花一般，重重叠叠；桃花、梨花，排成排，默默无闻中竞相开放；一望无际的万里碧波，自由自在舒展……

　　再去看看那偌大无边的皇宫，简直就像一座牢笼，锁住了我的自由！锁住了我的天性！更锁住了我的真性情！

　　身在《渔父》这首词里所绘这般美好的山水田园意境中，多么自由自在，多么潇洒安逸！如果眼前能有一壶酒，再加上春风和扁舟的衬托，我李煜情愿一辈子就这样，一直陶醉在烟波浩渺中，与佳人一起，尽享春花秋月、草长莺飞之风情。

　　李煜的这两首《渔父》词，可不单单只是为了书写山水田园之恬适意境，更是为了借此向皇长子李弘冀和众人再次申明：我李煜这辈子的志趣真的不在朝堂，不在皇权政治，我喜欢我的山水跟诗词世界，这里才是我真正钟情的王国！

　　尽管李煜一心想寄情山水、挥毫泼墨、做个闲人，不想觊觑高处不胜寒的皇位，也不想参与流血争霸、明争暗斗的权力游戏，但可惜，这辈子偏偏生在了帝王之家，注定不能像他所羡慕的隐士一样归隐，像平民百姓一样惯看秋月春风。

既然不管我怎么做，皇长子李弘冀都不相信我李煜的"与世无争"，那就只能装疯卖傻、不务正业，远离朝堂了，出走皇宫、远离萧墙吧，眼不见，心不烦！

就当时而言，皇长子李弘冀除非亲眼看到李煜死去，否则是绝对不会善罢甘休的。浪迹江湖、游山玩水也好，寻花问柳、沉迷诗词也罢，终究是在逃避、躲避，李煜曾一度奢望这样可以解决问题，所以选择到处游山玩水，在鸟语花香、歌舞升平、笔墨书香的花花世界里，寻找安宁清静、寻求身心上的解脱……

但，出宫游历归游历，逃避归逃避，就像梦想终究还是梦想，最后李煜还是得回到皇宫，回到萧墙内的现实中来。生在帝王家，很多事注定身不由己，想摆脱也摆脱不掉……

第三卷

金玉良缘
只羡鸳鸯不羡仙

"看春花秋月，时光里缱绻。我相思一句，耳畔轻声念：只羡鸳鸯，不羡神仙，与君共赏花好月圆……"上天在关上一道门时，也会给每个人打开一扇窗。长大成人后的李煜，曾长期为皇兄皇弟之间的尔虞我诈、争权夺利所累。自从被心狠手辣的皇长子李弘冀盯上后，偌大的皇宫再也不是儿时的欢乐园了，反倒像极了让人几乎喘不过气的牢笼。而与倾国倾城女子周娥皇的结缘，让这个命运多舛的皇子从此有了新的人生……

（六）惊鸿一瞥 情窦初开

跟李煜在一起研习诗词歌赋、绘画音律久了，唐元宗李璟愈发喜爱这个在文艺方面颇有才华的儿子。在几个皇子当中，也就是李煜真正跟他这个做父亲的趣味相投，能说到一块儿去，就像当年自己跟烈祖皇帝李昪一样。

无论男女，无论君臣，无论父子，有了共同的爱好，就等于多了一种共同语言，不仅能拉近彼此之间的距离，而且也给双方之间的感情添加了黏合剂。

李煜自幼心地善良、温文尔雅，在与父亲李璟单独相处、切磋文艺过程中，时常问寒问暖，处处周到贴心，这让李璟甚是欣慰，自然也对李煜格外垂爱。

眼看着李煜要到举行"冠礼"仪式的年纪了，加上帝王之家需要加快传宗接代的节奏，持续扩大统治网络，给李煜选妃这事，很快就被提上日程。

天生异相，仪表堂堂，才华横溢，备受恩宠……作为南唐家喻户晓的高净值青年才俊，李煜要选妃的消息一散出去，很快成了整个南唐最受瞩目的"头条新闻"，就像当年他出生时那般广受关注一样。

烟雨朦胧的江南，到处皆是山温水软。一方水土养一方人，不管是喧嚣市井，还是乡野村落，皆有佳丽辈出。

在当时的南唐，无论官宦，还是民间，不少妙龄女子，多多少少都曾读过李煜的一些诗文，对这样的贵胄出身的青年才俊自然十分青睐且爱慕有加。可皇帝的儿子娶亲，毕竟不像平民百姓娶媳妇儿那么随意，对出身等都有很高的要求。

这样一来，"近水楼台先得月"，也只有文武百官、王公贵族家的闺女符合要求了，他们个个都争先恐后、绞尽脑汁想攀权附贵，跟皇帝做儿女亲家。

来了一拨接一拨，门庭若市；

看了一批又一批，没有感觉；

选了一遍又一遍，还是摇头……

虽说李煜天生就是一副多情的坯子，但也并不是所有女人，他都喜欢，关键还是要有感觉。除了貌美如花，想必还得有气质和才学，只有这样的女人，才有可能跟李煜有思想上的共鸣，能进行灵魂上的对话。

文武百官、王公贵族个个都想把自家的闺女嫁给李煜，却都陆续败下阵来。

"这六皇子到底想要什么样的？"

"都说李从嘉是天生的多情坯子，怎么在这么多美人面前，他却毫不动心？"

"难道说，这李从嘉早已心有所属？"

唐元宗李璟要给六皇子李煜选妃的消息，一开始就在宫里宫外被传得沸沸扬扬，如今李煜一个也没选的消息，同样被传得是沸沸扬扬，引发各种猜测。

这事儿传到唐元宗李璟这里，刚开始他也很犯难，等冷静下来仔细一想："我六儿自幼天命不凡，才华横溢，家喻户晓。如今放眼整个南唐，在诗词歌赋方面，鲜有人达到他的水准高度。想必是一般官宦人家的庸脂俗粉，他根本就看不上眼。和他般配的女子，不仅要门当户对，还要才华匹配。"

唐元宗李璟仔细琢磨老半天，最终想到有一个人或许能让六皇子李煜满意。她是谁呢？乃两朝元老周宗之女——周娥皇！早就听说这周宗育有两个女儿，都是才貌双全、风华绝代的美人坯子，长女周娥皇如今也该到可许配的年纪了吧！

"从嘉，我听说来了很多妙龄女子，你都一一见了，却都没点头。你想要找个什么样的女子，能给父皇说说吗？"一日，唐元宗李璟与李煜一起研习诗词时，顺便问道。

"谢谢父皇为儿臣操心，我也不是要挑剔，见过的那些女子个个貌美如花不假，但总觉得有些太过轻浮，缺了些……"

儿子李煜心里头的那点小心思，果真被做父亲的李璟给猜中了！

"哦，原来如此。我倒想起一人来，小时候你们在一起玩过家家，宰相周宗家的大女儿周娥皇，你是否还有印象？父皇早就耳闻这娥皇长大后，才貌双全，年龄比你大一岁，至今仍待字闺中。说起来也怪，听宰相说有不少有权有势的男子上门提亲，这娥皇也很挑剔，一直没有挑到合适的……"

"娥皇？您说的是娥皇姐姐？是有好多年没见到她了。"听父亲唠叨半天，直到提起娥皇这个名字，李煜的眼睛立马就亮了起来。

话说当年，李煜还是个孩子时，有一次曾跟随祖父李昪去周宗的府上。祖父跟周宗一起议事间隙，娥皇见家里头来了个年纪相仿的小孩儿，也很高兴。后经允许，娥皇带着李煜一起在院子里荡秋千、玩过家家。

娥皇从小就是一个美人坯子，知书达理、笑容可掬，经过那一次相遇并在一起玩耍，早就在李煜幼小的心里留下深刻的印象。在野蛮生长的岁月里，李煜曾多次在梦里梦见过这位温柔漂亮的小姐姐。

唐元宗李璟知道六儿子的心思后，一次早朝结束，专门让宰相周宗留了下来。这位身居高位的周宗，一生披肝沥胆，全力辅佐李昪父子俩，为南唐的创业和守成立下过汗马功劳。

一直忠心耿耿的周宗，深得南唐两代君主器重，特别是唐元宗李璟，对他尤为赏识，封为宰相。史书记载，有时李璟在宫里赐宴近臣，还会当众亲手为周宗整理幞头折角，其他文武大臣，谁能有这种待遇呢？

宰相周宗跟唐元宗李璟一拍即合。

周宗太了解女儿娥皇了，就如唐元宗李璟太了解儿子李煜一样。周娥皇才貌双全，恐怕天下没几个男子她能看得上。这一点跟才华横溢加最受宠爱的皇子李煜一样，恐怕天下没几个女子能入他法眼。

宰相周宗到家试探娥皇对李煜有没有印象，没想到娥皇一直都在默默地关注着李煜的诗词，言语之间无不流露出对这位家喻户晓的才子的仰慕之情。

果然是天造地设的一对啊！

只有才子才配得上佳人！

宰相周宗一直视娥皇姐妹为掌上明珠，从不强迫她们什么，这下终于安心了。没想到在跟六皇子李煜结亲这件事上，竟然这么顺利、自然。二人早就心有灵犀，早就惦记着彼此！

转眼就到了公元953年唐元宗李璟的大寿，文武百官、王公贵族们都在想法子博得皇帝高兴。

想到长女娥皇一直都很擅长歌舞，平日里又弹得一手好琵琶，皇帝和自己又都在谋划六皇子李煜和娥皇的婚事，宰相周宗这时候动了小心思，安排娥皇随自己一起进宫，以歌舞和琵琶曲为皇帝寿辰助兴，顺便让彼此都有好感的才子佳人借寿宴见上一面。

这一天，满朝文武百官、王公大臣、皇亲国戚、皇子皇孙们都来了，纷纷献上贺礼并表演事先精心排练好的节目哄皇帝高兴。

等娥皇和她的舞伴一出场，立即惊艳四方，跳舞的人舞姿轻盈飘逸，舞步美妙绝伦，美若天仙的娥皇弹奏的琵琶，婉转动听如同天籁之音……

一时间全场陷入安静，时间仿佛停止了流逝……

多情公子李煜更看得目瞪口呆，眼前这女子简直不是凡人，是仙女下凡啊！那么美，几乎超过了自己这之前在所有诗词歌赋中体会到的，对人间天上所有关于美的无限想象……

"好！好！好！这是朕今晚上收到的最好的礼物！周宗之女娥皇果然人如其名，倾国倾城！此曲只应天上有，人间能有几回闻！谢谢你娥皇，朕很高兴，你的琵琶弹得这么好，朕把最喜欢的烧槽琵琶赐予你吧！"唐元宗李璟说。

这烧槽琵琶可是稀世宝物！

相传是东汉末年，大文学家、诗人和音乐家蔡邕用一块烧焦了的桐木制作而成，是其女蔡文姬最心爱之物，《胡笳十八拍》之曲就是用烧槽琵琶弹奏的。700 多年后，烧槽琵琶成了南唐皇宫所藏珍宝，被皇室视为国宝。

周娥皇对这烧槽琵琶早有耳闻，一直未见过真物件，自然求之不得。谢过唐元宗后，周娥皇一一跟诸皇子行礼告别。到了六皇子李煜跟前，两人四目相对，没怎么说话，就早已怦然心动。李煜英俊潇洒、玉树临风，周娥皇楚楚动人、美若天仙，他们就那么脉脉含情地看着对方，好像早就相知相爱了。

父亲寿宴上的短暂见面和匆匆分别，让李煜一下子对周娥皇念念不忘，前段时间选妃时也见过数十个妙龄美女，都没如此动心，这凤眼星眸、朱唇皓齿、冰肌玉肤、骨清神秀的周娥皇让他念念不忘！

原来，世间果真有仙女一般的绝色女子！还有幸被我李煜给遇见了。

更深人静、风雨相和的秋夜，李煜丝毫没有睡意，脑海里始终回荡着周娥皇发束丝绦玉簪、身穿薄罗襜衫的倩影，情牵神往，久久不能寐。最后，只好隔窗卧听帘外芭蕉絮语，以寄相思……

实在睡不着，李煜索性披衣起床，掌灯后研墨、执笔，情真意切地写下《长相思》这首词，表达了自己见了周娥皇之后，巴不得马上抱她入怀的心思：

　　云一緺，玉一梭，襜襜衫儿薄薄罗，轻颦双黛螺。

　　秋风多，雨相和，帘外芭蕉三两窠。夜长人奈何！

（七）天作之合　如胶似漆

满是缠绵冷雨的深秋之夜，远远近近、大大小小的阁楼，重重叠叠，在雨幕中一会儿清楚，一会儿模糊。

为一见钟情的女子失眠的人，独自伫立在窗棂边，风声、雨声交杂在一起，回旋在耳畔，让他的心久久不能平静。

你瞧，这窗外的芭蕉都是三三两两的，在雨季里相偎相依，如此亲密。而我李煜，如今却只能独自一人凭栏。

在这漫漫寂寥长夜，叫我这个患了相思病的人，怎么办才好！

深更半夜因相思怎么也睡不着的李煜，在宣纸上写完《长相思》这首著名的词，又反复吟诵了好多遍，最后还觉得有些不过瘾，干脆找来上等丝绸做成的粉红手绢，小心翼翼地誊抄了一遍。

这时再去看窗外，早已雨歇风落，黎明即起。

不清楚是什么时候睡着的，是怎么趴在案牍上睡着的，抑或根本就没睡，总觉得有些蒙蒙眬眬、迷迷糊糊。等醒来时，李煜发现自己的袖子湿漉漉的，原来全是流的口水！他怕人瞧见，笑话自己，赶紧把案牍擦得干干净净。

随后，李煜叫来宫女，让把他写在丝绸手绢上的《长相思》送到宰相府周娥皇手上。周娥皇这时候正在梳妆打扮中，听说六皇子差人送来了写给她的词，啥都不顾了，一口气读完，内心也是泛起波澜，瞬间被李煜这个才子的似水柔情感动。"原来这家伙不仅有才，还很有心，看样子是真正打心底爱上我了！"

"哪个少年不多情，哪个少女不怀春。"

在唐元宗寿宴上相见的李煜和周娥皇，在随后的几个月里，通过宫女来来回回传递信笺。李煜要么写些缠绵悱恻的情诗给周娥皇，要么想象着她在寿宴上跳舞、弹琵琶的袅娜身姿，画幅画给她。

周娥皇心甘情愿沉浸在被风华绝代的才子倾心仰慕和一首首温润情诗编织的浪漫里，李煜更是被周娥皇差人送来的只言片语或闺中之物迷得晕头转向。哪怕是一条手绢，李煜都觉得带着周娥皇的体温和香气。

既羡慕不已，又有些失落的，则是给他俩传递情书、定情物的宫女们。李煜写给周娥皇的每一首情诗，来回跑路送信的宫女都是第一个读到的，感动得春心荡漾、情潮翻滚、两眼湿润。

但这些诗，却没有一首是写给宫女的，是一个像风一样让自己着迷的男人，写给另一个像水一样的女人的。"今生今世，我要是能让这样一个男人也这样对我倾心，就算做鬼，那也风流啊！"

大半年来，这对青年男女之间的这些让很多人都羡慕的来来往往，一一被唐元宗李璟和宰相周宗看在眼里。

既然六皇子李煜和周娥皇彼此心心相印，互相倾慕良久，那干脆就顺其自然，准备开始操办他们的婚事吧！

这桩婚事既是才子佳人的美事，也是政治上的好事。

在南唐内部，两朝元老周宗，可不是一般的人物。少年时他也曾遭遇战乱，家贫如洗，无依无靠，为讨生活，只能四处漂泊，最终辗转投奔到南唐烈祖李昪手下。也许是因为有着相似的成长背景，同病相怜，李昪对周宗格外赏识，可以说，李昪对他有再造之恩。

为了报答知遇之恩，周宗鞍前马后、赴汤蹈火、竭尽全力辅佐李昪登基，为南唐建国及发展壮大立下汗马功劳。唐元宗李璟即位后则更加重用周宗，将其擢升为宰相，不断为其出谋划策，稳定朝廷内外局势。

六皇子李煜和周娥皇两人大婚，则更能笼络人心，让周家世世代代、上上下下誓死效忠南唐。这岂不是一箭双雕、两全其美！

公元954年，江南迎来春晓，正是杏花春雨好时节。

彼时，古城金陵处处鲜花似海，芳香四溢，粉蝶戏舞，鸟语呢喃。如此美好时节，怎能不叫人心情愉悦？何况，李煜要跟周娥皇办喜事了！

南唐久负盛名的青年才俊、六皇子李煜要迎娶宰相周宗之长女周娥皇的消息传开后，整个金陵城都为之沸腾。

三月里，一个阳光明媚、空气清新的日子，在众人簇拥下，新郎李煜骑着高头大马，在一阵阵的迎亲乐中，穿过一排排的人群，大大方方走向宰相府迎娶新娘周娥皇。

偌大的金陵城，因为李煜娶媳妇儿，一下子万人空巷，来看热闹、沾喜气的人们，几乎都要把一座座过街桥给压垮了！

看过的人都说，你瞧这阵势，都快要赶上皇帝封后了！一个是天生一目双瞳、才华横溢的皇子，一个是温柔贤淑、倾国倾城的大家闺秀，真是天造的一对、地设的一双！一场迎亲仪式赚尽南唐尤其是金陵城上上下下的眼球，一时成为佳话。

想啊，想啊，终于想来了让他苦苦相思的心上人！

盼呀，盼呀，终于盼来了她梦见过的洞房花烛夜！

大红的双喜字，微微摇曳的烛光，古色古香的洞房，温软的新人床榻，轻盈起落的帐帘，和煦荡漾的春风，美得不能再美的含情脉脉的新娘，俊得不能再俊的风流儒雅的新郎……

新郎李煜掀开新娘周娥皇红盖头的那一刻，四目相对，皆是深情！

你是我五百年前的前生，我是你五百年后的今世！相见恨晚，但终于相拥眼前！此时此刻，万千世界只有你我，天地之间别无他物。

洞房里，说不尽的软玉温香。花烛下，道不尽的娇柔旖旎……

这一夜，春风作证，月老做媒，让李煜和周娥皇这对有情人喜结连理，终成神仙眷侣。

（八）一日不见 如隔三秋

> 你侬我侬，忒煞情多；情多处，热如火；把一块泥，
> 捻一个你，塑一个我，将咱两个一齐打碎，用水调和；
> 再捻一个你，再塑一个我。我泥中有你，你泥中有我；
> 我与你生同一个衾，死同一个椁。

新婚燕尔，你侬我侬，百年修得同船渡，千年修得共枕眠。

李煜、周娥皇成亲后，更是如胶似漆，整天卿卿我我，形影不离。

假如其中一个人有事短暂离开一时半会儿，另一个人就会感到无比的孤独寂寞，在精神上仿佛没有什么可以寄托。这得有多恩爱，才会如此舍不得分离啊！

可恰恰就在"你舍不得我，我也舍不得你"的时候，李煜要走了！

每逢春暖花开时节，李煜都有远行踏青的习惯，或浏览名山大川，或寻访古刹古迹，或以诗文会友。如今这刚完婚，蜜

月还没好好谋划怎么度呢，李煜就要与此前已经约好的文友们一起出门远行，感受春日里的万紫千红和人间烟火。

李煜不是没想过带着新婚妻子周娥皇一起出游，可转念一想，毕竟都是一帮舞文弄墨的老少爷们儿，要是自己带着个女人那算怎么回事！

这样一来，可害苦了初为人妇、渴望温存的周娥皇。

百花齐放，皓月当空，星星调皮地朝人间眨眼睛，多么美好的夜晚！可府中只剩下娥皇孤孤单单一个人，独守这空帏孤衾！

躺在床上，想起夫君对自己的种种好，跟婚前李煜深陷相思局久久不得解，整夜整夜不能入睡一样，此时的周娥皇两眼失神，望着床头的熏笼，企盼那个给了自己温存的男人能早日归来，有了他在自己身边，抱着、靠着，才睡得安稳、睡得香甜！

可如今，只有自己！

床是冰的，被褥是冷的，心是散的，身子也是凉的……

相思苦，苦相思，苦苦相思，天下谁人知。

太阳已升得老高了，周娥皇的寝宫外，鸟语呢喃，跟小夫妻吵架一样，叽叽喳喳、喋喋不休。

因思念自己外出的丈夫、失眠到天亮才勉强睡着的周娥皇，也懒得梳理晨妆，迫不得已，到时间要去给皇后请安时，这才磨磨蹭蹭起来。

坐在铜镜前，望着自己鬓发蓬乱、愁眉苦脸的狼狈模样，想起丈夫李煜一个人出门在这无边的春色里尽情逍遥，心中又恨又恼。

苦苦熬过数日，有一天突然听说李煜马上就要到家了，周娥皇赶快重新梳妆打扮起来，穿上最漂亮的衣服，戴上最好看的首饰，搽上恰到好处的胭脂水粉。

稍微那么一捯饬，周娥皇宛若天仙下凡，再也不是那个鬓发蓬乱的怨妇了！

还没等李煜进门，周娥皇马上跑过去一头扑在他怀里，半是埋怨、半是娇嗔地倾诉婚后小别的相思之苦。

都说小别胜新婚，与娇妻再次相守，李煜还即兴填了一首名为《谢新恩》的词，以感念周娥皇对他的一片痴情：

> 樱花落尽阶前月，象床愁倚熏笼。远似去年今日，
> 恨还同。双鬟不整云憔悴，泪沾红抹胸。何处相思苦，
> 纱窗醉梦中。

樱花落尽，春日已去，只有阶前明月依旧，在这种清冷的气氛中，女主人公斜靠在熏过香的象牙床上愁眉不展。回忆起去年的愁思，体会着今年的愁思，新愁旧怨一并袭来，旧怨未平，又添新怨。时间越久，相思越深越切。见不到思念的人，她无心梳理打扮，任凭发鬓不整，愁容惨淡。

这种相思之苦，无人慰藉。

想到这里，她不由得潸然泪下，泪水打湿了衣襟。她只好寄

希望于梦境，盼望可以在梦中和思念的人相会。可哪种相思更苦呢？是这样清醒着相思却不得一见呢，还是醉梦之中与爱人相会，醒来后一切成空呢？醉梦对清醒着愁苦的人来说是一种解脱，可梦中片刻的欢愉却挡不住梦醒后的失落，也许更令人凄惶……

真正相爱的两个人，在很多方面都是相互传染的。

周娥皇偶尔有事离去，李煜同样也不忍与娇妻分开。尤其是每次周娥皇回娘家探亲，都会让李煜整日愁眉紧锁，吃嘛嘛不香，夜夜孤枕难眠。直到周娥皇回到宫里，让他抱在怀中，这才心安神定、笑逐颜开。

又是一年一度的中秋节，周娥皇回娘家探完亲刚进家门，彼此还没来得及好好嘘寒问暖，李煜便急切地将他刚写完的一首《长相思》笑容可掬地送到周娥皇面前：

一重山，两重山，山远天高烟水寒，相思枫叶丹。

菊花开，菊花残，塞雁高飞人未还，一帘风月闲。

你看那山，一重又一重，又远又高，加上烟云水气，又冷又寒，可我对你的思念，却像火焰般的枫叶那样炙热。菊花开了又落了，时令交替轮换，塞北的大雁在高空振翅南飞，可我苦苦思念的人却还没有回来，帘外的风月无思无虑，哪像我这般忧愁……

既然恩恩爱爱，就要日日夜夜长相厮守。一日不见，如隔三秋！娥皇，我的娥皇啊，你我谁都受不了这分离！哪怕它是短暂的！

好花不常开，好景不常在。

美，通常不是永恒不变的，而是暂时的。

公元956年，后周在前一年由国主柴荣率军亲征南唐获胜，攻陷了江北的诸多州县后，再次从淮南进军南唐，一路打到了扬州。邻国吴越见死不救，反倒为虎作伥，兵发常州，来势汹汹，南唐面临被双面围攻的险境。

李煜临危受命，担任都虞候沿江巡抚使，并在军校簇拥下日夜巡江。

又要分离！还不知归期……

这让周娥皇心情糟糕透了，心里难受极了。

国难当前，哪顾得上儿女情长！周娥皇再难受，也无济于事。

南唐上下都在忙碌，每个皇子皇孙也都没闲着，皇长子李弘冀负责镇守与常州相邻的润州。李璟原本担心李弘冀太年轻，不懂军事，出于安全上的考虑想调他回京城。没想到，李弘冀在部下的劝告下坚守指挥备战，如此一来极大地稳定了军心。

随后，李璟派大将柴克宏带兵前往常州救援。大军快到润州时，李璟听信谗言后想要临阵换将，李弘冀在这个关键时刻向李璟禀明实情，之后和大将柴克宏密切配合，奋力杀敌，大获全胜，短短时间里就斩敌万余、俘虏数千。

因前线战况紧急，李弘冀自作主张，打破了南唐一向缴枪不杀、优待俘虏的传统，将俘获的几十名吴越将领全部斩首示众，极大地震慑了敌人，以致此后长达二十年吴越国都不敢对南唐动啥歪脑筋。

这是唐元宗李璟登基以来，接连吃败仗的南唐为数不多的胜仗之一。

唐元宗李璟虽然一直宠爱天生异相又颇有文采的六儿李煜，对李弘冀自作主张残杀俘虏的行为很不高兴，但他毕竟救国有功，"拯救国家于危难之中"，就凭这一点也应封赏，解决完后周、吴越外侵问题，李璟颁了一道圣旨将皇长子李弘冀调回金陵后，在众望所归下册封其为太子，李弘冀由此正式入主东宫。

也许是一意孤行、我行我素惯了，李弘冀自打以储君身份参政议事和监国辅政后，老是背离常识、肆意妄为，还多次违背父亲李璟的旨意，冲撞或辱骂老臣，搞得上上下下都很难受，这让李璟很是恼火！

"不就打了一场胜仗吗？你就得意忘形成这样！让你入朝辅政吧，你给老子惹下这么多祸事来，该如何收场？不听老人言，吃亏在眼前，照此下去，你还想不想当太子了！"

太子李弘冀原本是唐元宗李璟的第三个儿子，只因前面两个哥哥天生命不好，中途夭折，李弘冀这才成了嫡长子，成为皇位的继承人。加上带兵打过仗、立过功，李弘冀更是目中无人，在个人生活上越来越腐化，整日灯红酒绿、醉生梦死。

"子不教，父之过。"几度心头火起，实在是忍无可忍，有一天唐元宗李璟一气之下，直接抡起棍棒在宫里追赶着要好好教训李弘冀这小子。

为激励李弘冀早日走上正道、以德服人，有一次李璟当面教训他时，曾扬言将来如果实在不行，就实行皇位"兄弟相传"制，适时会将"军国之政"交给李弘冀的三叔、外镇洪州的晋王李景遂。

说者无意，听者有心。李璟本是激励儿孙要自尊自重、奋发图强的话，没想到却成了一道催命符，活生生把他亲兄弟李景遂给害死了！

父皇李璟的这些话虽说得轻描淡写，却让心思很重的李弘冀一直耿耿于怀。

彻夜难寐，思来想去，李弘冀最后觉得只有死人才不会跟自己抢位置，心中燃起腾腾杀机，一个天衣无缝的杀人计划浮现脑海……

"挡我路者，统统都得死！不管是皇亲国戚，还是权贵大臣！你们记着，除掉晋王这件事，一定要手脚干净利索。事情办好了，人人有赏！办砸了，等着诛灭九族！"

太子李弘冀对手下亲信训示完毕，派人收买了李景遂身边之人，用毒药将其毒死，死状简直惨不忍睹。

这桩骨肉相残的宫廷血案，一度震动整个朝野，唐元宗李璟下令彻查此事，必须揪出幕后黑手。

李煜不想则罢，一想到毒杀叔叔这事，很大可能是太子哥哥李弘冀的手段，再想想他平日里看自己的那毒辣眼神，怕得浑身直打哆嗦……

（九）夫唱妇随　如痴如醉

李景遂的死，让生性胆小羸弱的李煜更加害怕，对自己的处境更加担忧。

种种迹象表明：除掉了三叔李景遂这个拦路虎，太子李弘冀下一个要杀的目标，毫无疑问就是李煜了。经历了那么多风风雨雨的李煜，自然能看得出来，也能感觉得到，要不是李景遂在前面挡了这么一下，估计他早就死在了李弘冀的阴谋诡计中。

为保护自己和心爱的女人周娥皇，避开这可怕的、嗜血的权力之争，婚后的李煜表现得比之前更加对皇位不感兴趣，整日只顾和周娥皇沉溺于男欢女爱之中，另外就是他一贯喜欢的诗词歌赋、莺歌燕舞、游山玩水了。

转眼又到深秋时节，一日李煜在金陵城外游山玩水时，碰巧看见一只黄莺在树林里独自翱翔，好不孤独寂寞，马上想到了同样孤独寂寞的自己。

继之前两首《渔父》之后，李煜触景生情，又信笔写下一首名为《秋莺》的诗：

> 残莺何事不知秋，横过幽林尚独游。
>
> 老舌百般倾耳听，深黄一点入烟流。
>
> 栖迟背世同悲鲁，浏亮如笙碎在缑。
>
> 莫更留连好归去，露华凄冷蓼花愁。

秋莺啊，秋莺，现在都已是寒秋时节了，你怎么还不往南边飞，去避避寒，为什么还在这深暗的树林里独自翱翔呢？我侧着耳朵想仔细地聆听你的鸣叫声，但始终听不明白你在鸣叫着什么，也许是受到了惊吓，你飞向空中后，渐渐变成深黄色的一点，转眼就不见了你的踪影。

秋莺啊，秋莺，其实我跟你一样，也与这世事相背，既迟钝又笨拙。虽然鸣声依旧，但是已经不连贯了，破碎不堪。我劝你莫要留恋深暗的树林，赶快归南避寒去吧，树林里有什么好呢？露水蓼花，只能让你越发心生凄冷，心里发愁。

触景生情也好，以物言志也罢，李煜对残酷的政治斗争的惧怕和对自己处境的担忧，全都寄托在这只秋莺上了。

此时此刻，他就是树林深处这只找不着北的秋莺，这只秋莺就是他。《秋莺》诗里对秋莺说的，何尝不是李煜要对自己和外界说的呢？

不管怎么说，上天终究待李煜不薄，尽管一直被太子一党视为"眼中钉"，没少被打压排挤，但幸好有了周娥皇，有这么一位天姿国色又懂诗词歌赋的贴心女子，在李煜人生黯淡时来到他身边，让他在孤独寂寞又倍感无奈苦闷的岁月里，对人世间多了几分眷恋。

周娥皇人美没的说，也很爱美。只要李煜在自己身边，每天早晨起来，总要把自己打扮得漂漂亮亮的，完了自己还要拿起铜镜反反复复斟酌好几遍，生怕哪一点疏忽了，让李煜见了觉得自己不美了。

李煜呢，也很聪明。每次看见娥皇在梳妆台前精心打扮自己，从来都不去打断，只在身后默默地欣赏着。

这是多么美好的时光啊，没有朝堂纷争，没有尔虞我诈，没有兄弟相残，只有才子佳人，只有夫妻恩爱。

周娥皇一扭头看见夫君正含情脉脉地看着自己，常常是半娇半羞，或是嫣然一笑。

周娥皇是那种爱美爱浪漫又风情万种的绝代佳人，李煜恰恰是那个懂浪漫有情趣又能解风情的青年才俊，他们在一起真是珠联璧合、天造地设。

李煜时常会边看着娥皇梳妆打扮，边自斟几杯，边欣赏着，就像那些欣赏歌舞的文人墨客一样，半醉半醒才恰到好处。

周娥皇自然懂李煜的心思，不能光让夫君一个人喝酒，那该多孤独啊，自己也得陪他饮上几杯。

美人一旦饮酒，则更加妩媚动人。

绝色美女周娥皇和李煜一起饮下几杯交杯酒后，脸颊立刻泛起红晕，走起路来也是摇摇晃晃。加上身穿红纱罗裙，本就身材婀娜、凹凸有致，这时候更加娇柔迷人，勾魂牵魄般吸引着几杯酒下肚、有些微醺的李煜。

很多人都说，女子之美，一在于眼睛，二在于嘴唇，这两点在周娥皇身上都集中体现了。一日，周娥皇一番梳洗打扮之后，又在小嘴唇上涂上了一层檀色的唇膏，樱桃小嘴微微张开，轻快明亮的歌声便响了起来。

紧接着，周娥皇陪李煜小酌了几杯，感觉有些醉了，软绵绵地倚靠在绣床上，然后挥动着被酒水濡湿的罗袖，顺手抽出一根绣线放进嘴里，不停地向李煜深情地送着秋波，最后还将嚼烂的红绒唾向李煜。

被周娥皇的娇美媚态给迷得神魂颠倒，李煜早已是飘飘欲仙，索性揽腰抱住她。

几番深吻并缠绵悱恻过后，李煜又一次诗兴大发，立即找来笔墨纸砚，很快写下《一斛珠》这首书写新婚夫妇在闺房里如何挑逗情趣、蜜里调油的艳词：

晓妆初过，沉檀轻注些儿个。向人微露丁香颗，一曲清歌，暂引樱桃破。

罗袖裛残殷色可，杯深旋被香醪涴。绣床斜凭娇无那，烂嚼红茸，笑向檀郎唾。

从这首闺房艳词来看，没有当皇帝前，李煜的婚姻生活实在是幸福美满得很。他既拥有一个广阔的艺术世界，又有一个红颜知己，陪着他在自己的艺术世界里尽情地游玩，喝喝酒、唱唱歌、跳跳舞，谈情说爱，做他诗词中的女主人公。这日子，真是叫人"只羡鸳鸯不羡仙"！

自打在唐元宗李璟的寿宴上得到皇帝赏赐的烧槽琵琶后，周娥皇在琴艺世界里更加如鱼得水，技艺上更是达到了炉火纯青的地步。凡是听过她精彩演奏《琵琶行》的人，都会忘我地把自己融入白居易当年所描绘的唯美意境中：

> 大弦嘈嘈如急雨，小弦切切如私语。
> 嘈嘈切切错杂弹，大珠小珠落玉盘。
> 间关莺语花底滑，幽咽泉流冰下难。
> ……
> 银瓶乍破水浆迸，铁骑突出刀枪鸣。
> ……

万籁俱寂的冬夜，白雪皑皑，江河无声，宫廷内外多多少少都显得有些凄清。而这时，却恰恰是李煜、周娥皇夫妇蛰居暖阁、尽情享乐的大好时光。

每当美酒饮到酣畅处，周娥皇就会头顶梳着高髻，两旁鬓朵微微翘起，身边一群身着细腰、窄袖、紧身薄纱长裙的绝色佳人作为伴舞者，在李煜面前翩翩起舞。

古铜色的寝宫，加上橘红色的灯笼的陪衬，将起舞过程中周娥皇那圆润丰满的胴体曲线映衬得格外醒目，加上她年轻且富有诱惑力的妩媚劲儿，一颦一笑，无不让天生多情的李煜如痴如醉、如梦如幻……

这哪像在人间，分明是在天上嘛！史书上记载的那么多令人羡慕的"神仙眷侣"们的日子，想必也莫过于此吧！如今，我李煜和爱妻娥皇，夫唱妇随，如痴如醉，不也正是在过着"神仙眷侣"般的日子嘛……

第四卷

临危受命　天教心愿与身违

　　"有心栽花花不开，无心插柳柳成荫。"命运有时候真的是件很玄的东西，你想要的得不到，而你不怎么想要的，它却偏偏从天而降。李煜从小受江南烟雨浸染惯了，在诗词歌赋里沉溺久了，对他来说，做个风流才子，谈情说爱、抚琴作词、游山玩水过完这一生，该是多么的浪漫潇洒！可老天爷却要他临危受命，担起他怎么也担当不起的家国责任。"四十年来家国，三千里地山河"，造化弄人，无可奈何……

（十）真相大白　太子病逝

唐元宗李璟对自家亲兄弟李景遂的死感到非常意外，也十分难受，曾当着文武百官的面发誓，一定要查出背后凶手，给亡故者和天下人一个交代。

不查则罢，这一查，结果吓他一跳。

果真让李煜和诸多大臣们给猜对了！毒杀李景遂的凶手不是别人，正是太子李弘冀！

为了扫除皇权路上所谓的"障碍"，李弘冀的心腹听说都押衙袁从范的儿子被李景遂杀死，袁从范一直怀恨在心。于是想方设法买通了袁从范，充分利用了他与李景遂之间有矛盾这一点，来了个"借刀杀人"。

有一天，李景遂踢球后口渴之时，袁从范趁机递上来毒酒。李景遂喝下去后当场暴毙，还没来得及入殓，尸体就已经腐烂，终年39岁。

李弘冀原本以为自己做得是天衣无缝，没承想最后还是露出了破绽，袁从范经不起牢狱里的一番严刑拷打，很快就如实交代了被李弘冀心腹买凶杀人的前后经过，并写下口供，亲笔签字，画了押。

震惊朝野的宫廷血案，终于真相大白！

唐元宗李璟知道是太子李弘冀杀的李景遂后，一时语塞，心如刀绞。他万万没想到，自己的这个儿子，南唐的储君、未来的皇帝，竟然如此丧尽天良，简直惨无人道！连自己的亲叔叔都要杀，他还真下得去手！

越往深处想，想得越多，李璟越觉得心寒和后怕。搞不好，六皇子李煜等这些亲弟弟亲妹妹，他李弘冀也要杀，甚至有一天不高兴了，连我这个老子也要杀！这等孽障一日不废，我南唐上下将永不得安宁！

"你还是不是人？你皇叔究竟怎么得罪你了，让你这么恨他！你可知道之前你屡犯错误，有多少大臣上折子弹劾你，建议朕早些废了你，另立太子，而你皇叔却每次都拦着朕，在朕面前为你说诸多好话，保你周全！亏他这么待你，你却恩将仇报，将他置于死地。你自己说，还是不是人？有没有点良心！"

皇帝彻底被激怒了。当面痛斥完太子李弘冀后，李璟马上下诏：废掉太子！封锁整个东宫！

这么快就被废去太子之位，是李弘冀万万没想到的，眼看着就要一步登天了，谁承想在毒杀皇叔李景遂这件事情上出了差错！

再想想父皇的怒斥，以及皇叔平日里对自己的种种好，李弘冀虽然良心有所发现，但终究后悔莫及。

"不做亏心事，不怕鬼敲门。"

日有所思，夜有所梦。白日里李弘冀想得越多，夜里做的梦就越多。

说起来也怪，自打毒杀皇叔李景遂的事情暴露后，李弘冀是日日夜夜做噩梦，梦见浑身上下都是血、满面狰狞的李景遂，追着他满世界跑，像影子一般，怎么甩都甩不掉，吓得他屁滚尿流、浑身直冒冷汗。

不管白天黑夜，反反复复做着同样的噩梦，在战场上一向胆大威猛、大小也算个英雄的李弘冀同样怕得要死，总觉得寝宫里面到处都是皇叔李景遂的鬼影。想必是他死得太冤，找自己复仇来了。

本来好好的一个人，老觉得自己被冤魂缠身，突然之间变得精神恍惚、语无伦次。到后来，简直跟疯了一样，饭也不吃，茶也不喝，嘴里絮絮叨叨，净说一些常人听不太懂的鬼话，惶惶不可终日。

没过多久，废太子李弘冀就在极度恐惧中疯了，跟中了邪似的，大白天见到人就说皇叔李景遂在后面拿着刀追他，要他偿命，怎么躲都躲不掉。

不仅如此，李弘冀还不停地抓自己的脸自残，怎么都停不下来。众人见废太子这般下场，唯有一声叹息！

太子哥哥李弘冀的这番结局，让刚刚失去皇叔的李煜心里五味杂陈，很不是个滋味儿。这个自懂事以来，始终视自己为"眼中钉""肉中刺"且无数次设陷阱一心想置自己于死地的哥哥，终于不会再让自己胆战心惊了。

从今往后，我李煜和我的爱妻娥皇再也不用过那种连觉都睡不安稳的日子了。

可同时，李煜又是矛盾的。

不管是皇叔李景遂，还是太子李弘冀，毕竟都是自己的亲人，为了权力和皇位，最后连亲情都没了，足见这嗜血的皇权争斗多么残酷无情，多么让人心寒！

从小心地善良、无心权术的李煜忽然觉得：生在这帝王家，真是人生的一大悲哀。你看不过短短数日，就有两位亲人远离自己而去。而且在这偌大皇宫的各个角落，不知道还隐藏着多少看不见的杀机。

说起李煜这皇叔李景遂，多少也算是个人物。他是南唐烈祖李昪的第三子，在南吴时为门下侍郎，南唐建立后先后改封吉王、寿王、燕王、齐王。其兄李璟登基后立他为皇太弟，看他为这个国家也做了不少贡献，一度想把皇位传给他。

但深知萧墙险恶的李景遂心里老觉得惴惴不安，得知唐元宗李璟有把皇位传他的想法后，一直坚持要隐退。在他的一再要求下，唐元宗李璟最后也应了，改封他为晋王、天策上将、江南西道兵马元帅、洪州大都督、太尉、尚书令。

尽管如此，始终不得父皇欢心的太子李弘冀，还是怕有朝一日，惹父皇不高兴了，会重新再让叔父取代他的储位，这才动起了毒杀亲叔父的歪心思。

李景遂死后，唐元宗李璟悲伤了好些日子，特地追谥他这个三弟为文成太弟，予以国礼厚葬。想起往日跟三弟之间的种种过往，李璟时常忍不住痛哭流涕，感念兄弟情深。

刚登基那些年，唐元宗李璟还有些意气风发，后来却逐渐失去斗志，在贪图享乐中早就把唐烈祖李昪驾崩前交代的家国复兴大任抛至脑后，整日沉溺于莺歌燕舞、姹紫嫣红和床闱之欢。

事关国家危亡、百姓福祉的朝政之事，唐元宗李璟越来越不感兴趣。

眼看着南唐最有希望承继大统的两个人一下子都没了，文武百官们私下议论纷纷，接下来谁会是新的皇储？是唐元宗李璟的其他皇弟，还是李煜、李从善等皇子皇孙？

圣心难测，文武百官个个也都边揣摩边做投靠的准备。

诸皇子之中，中途夭折了几个，按年纪排位，李弘冀才成为长子，他这一死，李煜又阴差阳错地成了皇长子。加上李煜从小就一目双瞳、天生帝王相，还同时被唐烈祖李昪、唐元宗李璟视为珍宝，又颇有文学才华，论起品行修为来更是没的说，其所作诗词一直深得朝廷内外各色人等喜爱，八九不离十会继承大统。

这样一来，越来越多的人开始有意亲近李煜，包括李弘冀之前的那些心腹，对李煜的态度也都发生了180度的大转弯。

突然一下子门庭若市，假借上门讨教诗文的名义套近乎的人络绎不绝，这让李煜很不适应。

李煜原本就不大喜欢和王公大臣们太过亲近，一直以来打心底里讨厌官场上这些阿谀逢迎的嘴脸，何况爱妻娥皇现如今已有了身孕，眼看着马上就要临产了。

恰恰在这时候，整个南唐，在政治上又进入了非常敏感的时期。

李从善等皇子们几乎个个都在处心积虑地揣摩圣意，忙着四下活动，拉帮结派，为自己今后的皇权路做各种铺垫。

唯独李煜丝毫不为皇权所动，依旧无动于衷，还是与从前一样，除了沉溺于诗词歌赋，还有就是悉心照料爱妻娥皇，等待她腹中胎儿的平安降世……

（十一） 山河破碎 国将不国

自打记事起，李煜就一直活在皇兄李弘冀带给他的阴影之下。惧怕归惧怕，躲避归躲避，但从来都未曾想过有一天李弘冀会突然死去，也从来没想过自己有一天会取代这位太子哥哥，入主东宫，成为南唐未来的储君。

对天生就是一副文人墨客样儿的李煜来说，他根本不需要这皇权帝位，只要活得安逸，每日有诗词歌赋、琴棋书画、绝色美人相伴，这就够了。

"宠辱不惊，闲看庭前花开花落；去留无意，漫随天外云卷云舒"，这才是生在江南、长在江南的李煜想要的生活。

太子死了，东宫之主不能长期空缺，这事关江山社稷安稳，不能不急！

也许是因李弘冀毒杀皇叔李景遂这事给唐元宗李璟带来的创伤巨大，或是后周的步步紧逼让他焦头烂额，抑或是深陷歌舞升平世界，一年多了，李璟在立储问题上一直没有任何表态。

放眼整个皇族，要么他继续从皇弟之中挑选一位有勇有谋的人来继承大统，要么在李煜、李从善等皇子中确定储君人选。不过有了前太子李弘冀毒杀皇叔李景遂之事，李璟觉得皇弟这块还是不考虑了。

古往今来，所有的皇帝都是自私的，皇位绝大多数都会传给自己的儿子或孙子，兄弟之间相传的很少，带来的问题也会很多。

李弘冀死后，六皇子李煜论年龄，就是排在最前面的皇长子了，七皇子李从善靠其后。究竟该立谁为太子？朝堂之上，众说纷纭，有人说李煜天生就有帝王之相，从小不争不抢，笃定淡薄，生性仁慈，才华横溢，有望成为一代仁君。

但也有人说，自古以来，为帝王者，必须要有野心和魄力，要以江山社稷为重，不能过于文质彬彬，不能太在乎儿女情长，不能老是优柔寡断。从这一点来看，七皇子李从善显然比六皇子李煜更果敢一些，某种程度上或许更适合做帝王。

受前太子李弘冀压迫太久，除了沉溺于诗词外，李煜还愈发对佛教感兴趣，因其可以让他忘掉尘世中的纷纷扰扰，让他觉得心安。这在李煜的诸多诗词中，不乏有所体现，诸如下面这首《病中书事》：

> 病身坚固道情深，宴坐清香思自任。
> 月照静居唯捣药，门扃幽院只来禽。
> 庸医懒听词何取，小婢将行力未禁。
> 赖问空门知气味，不然烦恼万涂侵。

你看，我虽然病了，但闲坐时遇见户外一阵清风吹来，顿时神清气爽，香气袭人，突然感到病体轻松了许多，不禁思绪万千。这会儿，我仿佛置身在明月高照的夜里，万籁俱寂，只有捣药的声音咚咚作响。再看这居住之所，小门紧锁，深院幽静，没有闲杂人事来打扰，只有小鸟时时飞来与人亲近。

病了这么久，宫中御医们忙活了好些日子，都不见我痊愈之迹象，可见他们的医术也不怎么高明，我也懒得再听他们的诊断。身边的小婢搀扶着我散步，可我四肢无力，走着走着又有些疲劳。多亏我自己平日里向佛，才在病中获得了许多生活情趣。要不然，从各方面袭来的尘世烦恼，会很快使我陷入无边无尽的愁江苦海。

不管文武百官们怎么说，究竟要立谁为太子，其实在唐元宗李璟心里早就有了答案。李煜天生聪慧，知书达理，从小就跟先祖皇帝和自己亲近，又在文学上颇有才华，所作诗词深得国人喜欢，相信日后能通过"文"来治理好这个国家。

"从嘉，如今你已长大成人，也成了家，该是立业的时候了！朕念你心地仁慈，想让你入主东宫，自打你哥哥李弘冀去世后，那个位置一直空着。希望你能为皇子皇孙们做表率，将来好掌管南唐三千里山河，你意下如何？"

一日，切磋完各自近期研习的诗词，唐元宗李璟令其他闲杂人等都先退下去，关起门来对李煜说。

这一切简直太突然了！

李煜听完父皇的这番话，如遭晴天霹雳，半天没说话，立在那里发愣，直到唐元宗李璟再次叫他，这才回过神来。

"谢谢父皇如此垂爱，能不能请您考虑其他皇子？您知道我从小就好诗词，对皇权不是很感兴趣，我怕我做不好，有负您的期许，也误了国事……"李煜一连串说了好多顾虑。

不管李煜怎么百般推辞，唐元宗李璟心意已决，这个儿子他从小关照最多，也了解得最为深刻，何况还是太祖皇帝临终时最为牵挂和器重的。

"你不要再讲其他了，想想这些年弘冀都是怎么排挤你的，你难道还想继续过之前那样担惊受怕的日子？如果没有至高无上的权力，其他的暂且不说，那么爱你的娥皇，拿什么护她周全？"唐元宗李璟抓住李煜的软肋，说服了他。

宁可不要江山社稷，也不能没了娥皇！

李煜见父皇句句都是认真的，根本没有缓和的余地，只好作罢，表示听从安排。他是那么深爱着娥皇，在回府路上又仔细想了想父皇方才说的话，觉得的确很有道理。

"既然如此，那就听天由命吧！"

为了让六皇子李煜以后少一些劲敌，在政治上多一些安全保障，唐元宗李璟想尽了各种办法，把当初在朝堂之上反对立李煜为太子的大臣们统统调离，要么令其戍守边防，要么将其降职降级，要么重新安排在有名无实权的位置上。

一直以来，周边各国对富庶的南唐总是虎视眈眈，恨不得马上吞掉，以开疆扩土、充实国力。李璟为了儿子李煜以后的皇权稳固着想，趁有生之年做一些安排也没错，但在国家外患重重时频繁调任能臣武将，也犯了兵家之大忌，为后来南唐危在旦夕时无良将可遣、无能人领兵为朝廷冲锋陷阵埋下了隐患。

转眼就到了公元957年，后周在前一次攻打南唐失败后，上上下下都不甘心受此大辱，也从未想过要就此休战。这一次，国主柴荣更是亲自率兵征伐南唐的属地滁州。沉迷于歌舞升平的南唐，人心涣散，在一场场战斗中节节败退，最后任由敌军陈兵城下……

如此一来，家国天下，顷刻间变得危在旦夕！

跟势如破竹的后周军队打仗，怎么打也打不赢，长期在莺歌燕舞中浸泡久了，原本国富民强的南唐，如今再也挺立不起来了。

败仗接二连三，家国岌岌可危，面对咄咄逼人的形势，为保皇室和南唐百姓周全，让他们免遭生灵涂炭之苦，唐元宗李璟只能委曲求全，于公元958年在后周第三次进攻南唐大获全胜后，拟罪己诏，随即取消皇帝年号，自我降级改称"国主"，开始使用后周年号。

这还不算，为求得一时安稳，南唐朝廷还主动向后周进献万千金银绫罗，并以长江为界割让江北地区予后周管辖。

就这样，由唐烈祖李昪辛辛苦苦打拼下来，一向励精图治，曾一度欣欣向荣、呈现国富民强气象的南唐，到第二任皇帝唐元宗掌舵时，因频繁对外征战造成民不聊生，加上边境不稳，又跟周边国家关系僵化，被后周打败后，四面楚歌、孤立无援，最终从一个主权独立国家沦为后周的附属国！

地处江南大地、本就烟雨蒙蒙的南唐，自打失去主权，成为后周的附属国后，更是阴雨绵绵。眼看着山河破碎、国将不国，所有人都为此感到郁闷……

就在这一年，长期沉迷于男欢女爱和诗词歌赋，自始至终也不怎么关心国家兴亡的李煜和周娥皇，有了他们的第一个儿子，李煜为其取名为"仲寓"……

（十二）入主东宫 臣服北宋

自打后周国主柴荣亲自率兵征伐南唐滁州起，仅凭那御驾亲征、势在必得的勇气，就让在一味地贪图享乐中站不起来的李璟感到害怕，何况还接连吃了好几次败仗，真被打怕了。

滁州失守后没多久，南唐东都副留守冯延鲁、光州刺史张绍、舒州刺史周祚、泰州刺史方讷相继弃城而去；宰相冯延鲁原以为削发为僧可以避难，没想到很快也被周兵擒获；蕲州裨将李福杀刺史王承隽后，也归降于后周……

兵败如山倒，一茬接一茬；大厦将倾覆，树倒猢狲散。

打一仗，失败；再打一仗，还是失败，南唐被打怕了。

俯首称臣、割地求荣后，李璟丝毫没觉得安稳，反倒更加感到害怕，整日提心吊胆，生怕敌人随时再打进来，把他给收拾了。

思虑再三，为避后周信祖（郭璟）名讳，李璟又特地将自己的名字改为"李景"，去了"璟"字左边的"王"字旁，以进一步向后周示好。

即便南唐已经把长江江北一带割让给后周，还是喂不饱后周这头一心想一统中原的狼。天下人都知道，南唐地处江南，水土肥沃，乃鱼米之乡，都城金陵更是繁华似锦，处处莺歌燕舞，女子个个妩媚撩人。

占领了江北，就等于有了跳板，南唐就在后周的眼皮子底下，看谁还敢兴风作浪！

屯兵江北后，后周针对江那边南唐都城金陵的监控一刻也没放松，对南唐朝廷的一举一动都掌握得一清二楚，对任何风吹草动都毫不含糊。这让李璟及南唐上上下下都感到惴惴不安、极为惶恐。

为摆脱后周的监视，恢复往日的潇洒跟自由，李璟不思考怎么进一步打理好朝政，反倒一直在琢磨着什么时候迁都！

打不起，惹不起，躲我总躲得起吧！

"三十六计，走为上策。"金陵这边不安全了，我不在这儿待了，换个地儿当作都城不就得了。

可终究世事难料，就在李璟想着如何跟后周斡旋、巧妙避其锋芒之时，后周国内发生了一件惊天动地的大事！公元959年，向来励精图治的周世宗柴荣因长期带兵征战，积劳成疾，一病不起。

"以十年开拓天下，十年养百姓，十年致太平"，后周致力于统一大业的豪情壮志，因周世宗病入膏肓，暂时搁浅在了一边。

之前从南唐凯旋后不久，后周又一路向北伐辽，所到之处，几乎不用一兵一卒，就顺利掌控了沿线数个城池。短短几个月时间里，后周就连续占领了三关三州，揽下十多座城池。可偏偏就在这时候，周世宗卧病不起，只好急匆匆班师回朝，在都城汴梁安心养起病来。

也许是糊涂了，也许是一时误判，病重的周世宗老在胡思乱想，竟怀疑起自己的妹夫张永德有不臣之心。趁自己还有口气在，他干脆把妹夫担任的"殿前都点检"一职给撤了，让杰出将领赵匡胤来代替。

周世宗柴荣聪明一世，但却糊涂一时。他到死都没想到，在他死后不到一年的时间里，那个看起来忠厚老实的赵匡胤竟通过发起"陈桥兵变"，黄袍加身，顺利夺取了后周的天下，改朝换代，自己做起了皇帝，周朝从此不复存在。

公元 959 年，周世宗驾崩。要是在黄泉路上有知，估计周世宗柴荣连肠子都要悔青！

说起这"殿前都点检"，原本是周世宗为整顿军队挑选武艺超群的士兵为禁卫军，称殿前诸班，置"殿前都点检"为最高指挥官。由于"殿前都点检"的官职太过重要，不敢轻易让别人去做，所以周世宗这才选中了妹夫张永德。"殿前都点检"其实就是朝廷军队中的特级将领，其手下的军队则是朝廷精英中的精英。

周世宗死后，其年仅 7 岁的幼子柴宗训即位，即便有多位相国辅政，但柴宗训毕竟年幼无知，朝政又不是小娃娃过家家，后周政局开始动摇。这让年富力强、一心想成就一番事业的赵匡胤，萌生了发动政变、篡位夺权、一统天下的想法。

公元 960 年正月初一，传闻辽国联合北汉要南下讨伐后周，宰相范质等未辨真伪，急遣殿前都点检赵匡胤统率后周诸军北上御敌。后周军队行至距开封东北 20 公里的陈桥驿（今河南封丘东南陈桥镇），赵匡胤的一些亲信趁夜在将士中散布议论说："今皇帝幼弱，不能亲政，我们为国效力破敌，有谁知晓？不如拥立咱们的头儿赵匡胤为帝，然后再出发北征。"

很快，众将士的兵变情绪就被煽动起来，赵匡胤的弟弟赵匡义（后改名光义，即宋太宗）和亲信赵普见时机成熟，便授意将士将事先准备好的黄袍披在喝醉酒刚醒过来的赵匡胤身上，接着跪拜大呼万岁万万岁，齐刷刷地拥立他为帝。

赵匡胤一开始还装出一副被迫的样子，过了好久，才漫不经心地对众将士说："你们自贪富贵，立我为天子，能从我命则可，不然，我不能为君主矣。"

众将士见状，再次跪拜并一起对天起誓，今后所有人唯赵匡胤马首是瞻，愿随时随地为其建国大业赴汤蹈火，万死不辞！

"陈桥兵变"成功，赵匡胤立即率军回师开封，京城守将石守信、王审琦开城迎接赵匡胤入城，胁迫周恭帝柴宗训禅位于赵匡胤。

名正言顺即位后，赵匡胤正式改国号为"宋"，仍定都开封。石守信、高怀德、张令铎、张光翰、赵彦徽皆被授为节度使。

南唐这边，李璟和他的文武百官一听说赵匡胤篡位成功建立了北宋王朝，更加提心吊胆起来。原来，早在周世宗柴荣生前三次率兵征伐南唐时，这个赵匡胤就是军中猛将，属"战神"一般的人物，征战之处皆所向披靡，回回都把南唐军队打得落花流水，南唐上上下下早就领略过这个狠角色的种种厉害。

为了明哲保身，李璟竭力讨好赵匡胤，北宋立国诏告天下后，南唐使者很快就带着厚礼去进奉朝贡。作为附庸国的掌门人，李璟亲笔写信祝贺赵匡胤称帝，言辞恳切，虔诚之至，愿以赵匡胤为尊，接受他的领导，做好臣子应尽的义务和本分。

回过头来看，后周演变为北宋这段时期，朝廷内外动荡不安，后周自顾不暇，正是南唐励精图治的最好时期。如果李璟能抓住机会，积极扩充军备，强化操练，说不定能恢复之前的帝号，趁机还把之前割让出去的江北给收复回来。

问题就出在贪图享乐的日子过得太久了，李璟早就没了当初即位时的那份锐气和胆识，一味地沉溺于风花雪月跟逍遥快活之中，得过且过罢了，哪还有心思好好打理南唐三千里锦绣江山？

年年往北送礼朝贡，年年亲笔写信以表忠诚，金银珠宝、绫罗绸缎、绝色美人，南唐为求自保，把最好的东西都拿出来呈给了北宋。自李璟晚年时开始，慢慢地，南唐再也无法摆脱北宋的控制，作为一个附庸国，显得更加无能和懦弱。

公元 961 年初，刚过完春节，厌倦朝政已久的李璟下诏正式册封 25 岁的六皇子李煜为太子。随后带着禁卫军和文武官员迁都洪州（今南昌），把太子留在金陵监国，自个儿享清福去了。

就算李煜和周娥皇再怎么不情愿，最终还是接了圣旨，正式入主东宫。备受南唐文武百官和天下百姓关注的立储一事，就此告一段落。

即便对皇位自始至终不怎么感兴趣，尽管一直在想办法逃避，可最终，李煜还是没能逃脱命运的枷锁和束缚。

自此，身负皇命，家国责任集于一身，李煜从小一直向往的"万顷波中得自由"般的隐士生活，可望而不可即了。

入主东宫之后，即将迎来的，也是李煜从未想到过的，则是延续父皇李璟继续臣服北宋、在赵匡胤面前唯唯诺诺的日子……

（十三）子承父业 天命难违

南唐，曾经是十个"割据王国"中版图最大的国家。最为鼎盛时，其国域疆土广达三十五州，一度繁荣昌盛、国富民强，既惹人羡慕也遭人嫉恨。谁承想，转眼间就沦落到了这般衰亡的境地！

迁都洪州后不久，回想起刚从烈祖皇帝李昪手里接过来的南唐，是那么的富饶繁华，而今却如此消沉衰败，李璟为此一度陷入了愁苦之中。

在金陵时，每天总是浑浑噩噩、纸醉金迷，到洪州后，好像从眼前南唐元气大伤中醒过来了，李璟对过往浮华岁月、贪图享乐种种，有一些悔恨，但终究无济于事。

毕竟最好的时机已经过去了，该奋发图强的时候却沉溺于纸醉金迷，等到整个国家到了穷途末路，再想重新奋起，在残酷的现实面前，所有的想法都显得苍白无力！

长期以来深受后周胁迫、处境异常艰难的李璟，在深陷痛苦时，更容易触景生情，屡屡发出"春愁浓于酒""春愁苦且甚于作病"的哀叹，还亲笔写下一首反映自己心境和处境的词——《应长天》：

一钩初月临妆镜，蝉鬓凤钗慵不整。重帘静，层楼迥，惆怅落花风不定。

柳堤芳草径，梦断辘轳金井。昨夜更阑酒醒，春愁过却病。

一个春晴的早晨，一钩月牙儿斜缀在天边，发黑如漆鬓薄如蝉的闺中女子，起床后面对着镜子，慵懒得无心妆扮。独处深闺之中，迢迢高楼上还裹着重重帘幕，倍感孤独的女子将重帘慢慢挑起，看见帘外风吹花落的情景。这些花似那水中无根的浮萍，上下翻转，不到片刻，落红满地，一片狼藉。

想起过往时节，曾跟心上人在那长堤垂柳下、芳草香径中牵手漫步，在那明净的井台、雕花的栏杆上并坐谈心，是何等的甜蜜。而今这些过往种种，却都只有在梦中才能重见。昨夜夜深月残之时，在醉酒后醒来，梦中相聚的场景全部消失，让人对春的伤愁更加深切，甚至远远超过了病痛时的难受……

"重帘""层楼""落花风不定""柳堤芳草径""辘轳金井"……寥寥几句，写尽李璟在艰难处境里孤独无依时，藏在内心深处的悲凉。一阵风吹了过来，地上又是落红无数，撩起痛苦中人无限的伤春情愫，一下子变得更加的憔悴不堪，简直惨不忍睹……

虽说贵为皇帝，跟李煜一样，李璟生性也十分懦弱，再加上当时朝廷内外矛盾重重，境遇相当危苦，时常触景伤情，想起很多伤心事，进而产生无穷的痛苦和哀怨，也是自然而然的事。

除了上面的这首《应长天》，李璟在晚年时的另一首词——《摊破浣溪沙》，同样反映了当时他在面对残酷现实时无可奈何的痛苦：

菡萏香销翠叶残，西风愁起绿波间。还与韶光共憔悴，不堪看。

细雨梦回鸡塞远，小楼吹彻玉笙寒。多少泪珠何限恨，倚栏干。

你看，那美丽的荷花落了，香气也跟着消散了，残缺不全的荷叶摇曳着，西风拂动起绿水，层层叠叠的涟漪荡漾开来，让人愁绪满怀。美好的人生年华，就如眼前这情景一样，不断在消逝，与韶光一同憔悴的人，谁还忍心去看这满眼破败的景象呢？

想多了，心就累了；心累了，人就废了。

先是在细雨绵绵中睡去，梦境中，塞外风物渺远。醒来后，寒笙呜咽之声又开始在小楼中回荡。再想起那些已经过去了的故人和旧事，忍不住含泪倚栏，怀抱无穷的幽怨。谁能理解我此时此刻无可奈何的痛苦呢？

洪州这地方，虽说也还不错，但相比虎踞龙盘的金陵古城而言，各方面条件自然就差远了。

跟随李璟一起来的文武大臣们刚开始到处游山玩水，还不觉得寂寞。时间长了，不操心朝政不说，反倒个个心存埋怨，莺歌燕舞的日子过惯了，实在不喜欢现在这远离锦绣繁华的苦日子。

李璟见文武百官们竟如此颓废不堪，时常感叹岁月无情、现实无义，面对国将不国的境地，越来越觉得沉闷，整个人也越来越无语，茶不思、饭不想，忧心忡忡，身体也日渐消瘦。

见主子心情不好，整日不见笑脸，洪州当地的官员自然着急，本来就害怕什么事情做错了，主子不满意怪罪下来，再加上备受文武百官的百般责难，更是害怕。怕着怕着，最后有的人实在受不了了，干脆上吊自杀了，一时让朝野上下颇感震惊。

经此变故，文武百官们更觉得洪州这地方待不得，待不得……纷纷借此机会以各种冠冕堂皇的理由，在朝会上劝说李璟尽快返回金陵，洪州不是治国理政的地方，大家也都没心思专注朝政。

李璟刚开始是不同意的，但抵不住文武百官们持续地议论纷纷，最后只能勉强同意。他刚准备起驾回金陵，却突然病倒了。这一病更是什么东西都吃不下，连喝水都觉得塞牙，一吐起来没完没了，太医们也没法子，怎么也治不好。李璟整个人迅速开始颓废，呈现出生命垂危的迹象。

公元 961 年 7 月，一个雷雨交加的夜里，饱受病痛的李璟实在撑不住了，感觉自己马上就要离开人世，赶快立下遗嘱，安排了后事。

没过多久，李璟就在洪都的长春殿内枕着窗外的暴雨之声，安静地走了。

弥留之际，李璟良心发现，对过往劳民伤财的行为充满悔恨，特别关心因接连战乱而处在水深火热中的百姓，郑重告诫跪在蚊帐前的文武百官，千万不要再铺张浪费、贪图享乐，切勿再乱添赋税加重天下百姓的负担，一定要多想办法让百姓们好好休养生息。至于他的葬礼，更强调要一切从简。

就这样，原本正值壮年、年岁尚不过五十的南唐第二代皇帝李璟死了，给后来继承者——南唐后主李煜，留下了一个风雨飘摇、内忧外患的烂摊子。

这一年，李煜刚满 25 岁，他没有遵从父皇葬礼一切从简的遗嘱，大老远从洪州运回父皇的灵柩，按国礼隆重安葬后，在无比悲痛和倍感苍凉无奈中，匆忙登基即位。

按照历朝历代常规，新皇即位，都要举行登极大典，颁布诏书，接受后妃和王公大臣朝贺，并封王晋爵，大赦天下。

在熟知礼仪的礼部大臣精心安排下，李煜登基这天，也在宫门前面高高树起一根朱红的七丈长杆，杆顶立着一只黄金饰首的四尺木鸡，口衔七尺绛幡，下承彩盘，以绛绳维系。

按理说，好不容易才做了皇帝，应该高兴才对，可李煜怎么也高兴不起来，反倒愁苦不堪、凄凉万分。

又是一个与这辈子有着不解之缘的七月！

又是一个烦闷的夏天！

正如李煜在《浣溪沙》一词中写到的那样：

> 转烛飘蓬一梦归，欲寻陈迹怅人非，天教心愿与身违。
>
> 待月池台空逝水，荫花楼阁漫斜晖，登临不惜更沾衣。

人生啊，如同这风中摇曳不停的烛火蓬草，漂泊不定、身不由己，再美好的岁月，到头来也只不过是一场梦而已。想找寻旧日的痕迹，一回头却已物是人非，只能徒增伤感。上天啊，你好无情，注定让我这一生面对的现实总是与心愿相违。天底下最深的无奈，想必都来找我了。

转眼去看那近水楼台，流水无情空自流淌，如同我时常心怀期待，却终归成空，处处都是无可奈何的失落。楼阁荫花又漫起斜晖，夕阳西下楼阁惨淡，正如我内心的那些凄凉跟衰败。

登楼远望，悔恨和惆怅又一并涌上心头。反正哪儿哪儿都不对，糟糕透了，只能任凭泪水浸湿衣襟。

你瞧，这词句句感慨连连，字字关情，愁恨难泯，无以言表，只怨只叹天命难违！

登基后，按礼制，李煜加封爱妻周娥皇为国后，封长子李仲寓为太子。

此时已经风雨飘摇的南唐，正式进入后主李煜时代！

即便再无可奈何，再怎么不知所措，面对北宋的咄咄逼人和淫威，跟他父皇李璟一样胆小懦弱的李煜，也还是及时派出使节前往北宋都城，禀报先皇驾崩事宜，向大宋皇帝赵匡胤上表为其亡父追复帝号。同时，李煜还呈上了无数金银珠宝和投诚信，以求得大宋王朝对自己的认可。

在我国古代，但凡帝王或官僚死后，为褒贬他们生前的功过，朝廷都要为其评定一个谥号。帝王之谥，由礼官议定；臣下之谥，由帝王赐予。李璟生前身为一国之君，其谥号按理要标示"皇帝"字样，但由于他在位时已向宗主国皇帝赵匡胤"奉表削号"，因此死后恢复帝号按章程也必须向北宋王朝上表，以获得朝廷的"恩准"。

北宋皇帝赵匡胤收到李煜的表文后觉得李璟生前曾主动贬损身份，对宋称臣，一切表现都还算忠顺，如今人死都死了，就算赏他一个虚名也无妨，丝毫不会影响大宋的尊严和权威。

于是，赵匡胤顺水推舟给了李煜一个人情，谥李璟为"明道崇德文宣孝皇帝"，庙号"元宗"，陵号"顺陵"。

金陵古城的七月，流萤似火，夜空群星璀璨，天地万物还是那么美。

只可惜，时过境迁，今非昔比。它再也不是那些年南唐作为独立主权国并持续欣欣向荣时的金陵了。

子承父业，天命难违。

委曲求全，步步退让。

面对北宋皇帝赵匡胤的软硬兼施，接下来种种不确定的人生际遇和世事的风云变幻，是李煜从未预料过的，也常常令他茫然不知所措……

第五卷

活色生香
宴饮作乐挨天明

没有哪个帝王不想做万人敬仰、千古传颂的好皇帝，可这实在是太难了。曾经繁华似锦、国富民强的南唐，到李煜接手时危机重重，到处都是窟窿，根本无法填补。本就不是做皇帝的料，又非盛世华年，这个摇摇欲坠的国家对李煜而言是块烫手山芋，想根治顽疾却又无从下手。倘若生在寻常百姓家，风流如他，才情如他，一定会过得很幸福。可登基之日，就是李煜悲剧命运开启之时，国事繁杂纷乱如麻，也只有在夜以继日的歌舞升平中，他才能把一切烦恼忘却……

（十四）心怀天下 皇帝难做

说起"李煜"这个名字，其实是在唐元宗李璟驾崩后，身为太子的李从嘉承继大统后才更改过来的，同时取字重光，号钟隐。这"煜"字是会意字，从火，其形像火焰，本义"照耀""光辉灿烂"，暗含"杰出""超群"的意思，预示着要如火光般照耀世界。

古代帝王登基，更名改字一事虽小，但都有深刻的寓意在里头。李煜名字中的这个"煜"字，出自西汉末年的一代大儒扬雄所著的《太玄·元告》中的"日以煜乎昼，月以煜乎夜"，本意是说太阳司职照亮白昼，月亮司职照亮黑夜。

尽管面临重重困难，前途道路迷茫曲折，但刚开始李煜还是希望自己即位后能够踏踏实实地做个好皇帝，励精图治、光耀臣民。他遵从父皇遗愿，希望在自己治下有朝一日能光复南唐、重振山河，让从前曾经有过的繁华盛世再现江南大地。

即位之初，李煜的确曾心怀天下，为此不仅重用旧臣，还亲自为朝廷提拔了一些可用、有用之人。就算一些人过去有一些不忠诚的表现，李煜也并没有过分在意。为了国家中兴，就连在淮南跟后周军队对峙中弃城而逃的冯延鲁，他都能网开一面，以礼相待。

多次被北宋打得落花流水，接连失去很多疆土不说，还沦为人家的附庸，很长一段时间以来，南唐朝野上下颓废消沉，文武百官们个个都跟霜打了的茄子似的，无精打采。

为了让朝廷尽快振作起来，即位后除了重用现有的可用之人，李煜刚开始还大兴科举之风，希望能够尽快选拔更多优秀的人才，进而好为朝廷所用。

一方面是因为本身做皇帝的魄力、资质不是很够，另一方面是因为此时此刻的南唐早已身患重疾、人心涣散，再也回不到过去那种状态了，李煜的种种"理想"由于各种各样的原因，最后大多都变成了"臆想"。

无论是宏图夙愿之大事，还是眼前谋划之小事，怎么推都推不动。

理想很丰满，现实却很骨感。慢慢地，李煜打起了退堂鼓，时常感叹：做皇帝真的是太难了，没想到这么不自由，这么不好玩！

作为文人墨客，本来就经常有些不切实际的头脑狂热和天马行空，何况李煜在治国理政上遇到了那么多的阻力。不如继续沉醉在诗词歌赋和歌舞升平的温柔乡里，管他春夏与秋冬，任由我痴、我狂、我醉！

在李煜早期的作品中，有一首名为《浣溪沙·红日已高三丈透》的词，其中描写了宫中莺歌燕舞、骄奢淫逸的日子，反映了李煜初为帝王时经常和国后周娥皇在一起笙箫含情、把酒言欢的奢靡时光：

> 红日已高三丈透，金炉次第添香兽。红锦地衣随步皱。
>
> 佳人舞点金钗溜，酒恶时拈花蕊嗅。别殿遥闻箫鼓奏。

你瞧，红红的太阳已升到最高处了，透过帘幕照进宫内。可从昨夜便开始的舞乐狂欢还没结束，宫女们鱼贯而入，挨个儿将金炉里快要燃尽的檀香重新添加上。她们训练有素而又轻盈的莲步，是不会把那些铺设在地上的红色锦缎弄皱的。

那是一位美丽的舞者，还在酣舞不止，那发髻的金钗倾斜着，还在来回摆动。她的脚步都有些不稳了，一定是昨夜喝了太多的酒，这会儿酒劲儿还没过呢。她时不时地拈起花儿来嗅嗅，是想让花的香味使自己清醒一下，她那卧鱼嗅花的身段，真美啊，跟贵妃醉酒时一样，你看，她还在静听其他宫殿里隐隐约约传来的箫鼓奏乐声呢。

继长子仲寓之后，周娥皇在李煜即位这年又为他生下次子仲宣，这对新皇帝李煜而言，可谓双喜临门。李煜对这两个孩子都格外宠爱，他们个个生得眉清目秀、温文尔雅不说，还都遗传了这个家族祖辈父辈们在文艺上的基因。

后来的成长岁月证明，李仲宣比李仲寓更加聪慧，对很多东西都是过目不忘，尤其对声乐特别敏感。每次一听见宫中乐师的演奏声响起，李仲宣就激动得手舞足蹈，时不时地还会跟着节奏唱起曲儿来。

如果生在寻常百姓家，一对才貌双全的夫妇，加上有这样一对聪敏伶俐的孩子，该是多么的幸福快乐。可，李煜、李仲宣、李仲寓今生今世却都偏偏生在了帝王之家，貌似有享不尽的荣华富贵，却同样有着常人难以想象的孤独。

"仲宣，仲寓，我是多么希望你们俩是普通人家的孩子，兄弟间互帮互助、相亲相爱，长大后共同撑起一个美满幸福的家。生在这喋血的帝王之家，有多少欢乐，就有多少忧愁，悲欢不定，还身不由己……"

夜深人静，烦忧上头。李煜怎么也睡不着，索性起来一个人走出殿外，一边在芳菲丛中徘徊，一边想着心事……

皇帝难做，做皇帝难，但比这更令李煜感到惊慌失措的事，其实还在后头。

就在李煜即位后没多久，从北宋那边传回来消息，大宋皇帝赵匡胤对李煜隆重举行登基大典并大赦天下这事很不高兴，可以说到了"怒发冲冠"的地步。

"既然已经是我大宋的附庸国，就得像个附庸国的样子，没让大宋铁骑踏破江南大地已经给足你李煜面子了，竟然敢用天子之礼来继承大统！这是要干什么？还把不把我这大宋皇帝放在眼里？"汴梁城大宋皇宫内，皇帝赵匡胤在早朝时对文武百官说。

"是啊陛下，这南唐既然已经归降我大宋朝，就应该规规矩矩的，基本的礼数都不懂，我看是活腻歪了。"

"简直胆大包天，绝对不能轻饶！"

"臣附议，这样下去，大宋国威何在？皇权礼数何在？不如借此机会再次举兵江南，彻彻底底把南唐给收了！"

……

北宋朝堂上的这些议论，从皇帝到文武百官，你一句我一句的严厉训斥与呵责，赵匡胤都让南唐驻汴梁的官员当着李煜和南唐文武百官的面，一字不落地重复了一遍。

谁能想到，南唐成为北宋的附庸国后，连国主即位这样的正常礼节，北宋都要管，还管得如此严厉，压根儿连一点儿自主权都不给。如果赵匡胤真的发起怒来，大手一挥，发兵南下，南唐可就彻底完了。

一想到大宋铁骑的所向披靡，一想到之前南唐军队与赵匡胤所率军队交战时惨败不堪、尸横遍野、血流成河的场面，李煜就浑身上下直打哆嗦，害怕得要死！

"朕该怎么办？怎么办？诸位卿家，你们快给拿拿主意啊！"

"姓赵的也管得太宽了，这明摆着是'鸡蛋里挑骨头'！"

"是啊，这也太欺负人了，难道我们真的就这样任人宰割，过着没头没脸的日子？何年何月是个头啊！"

……

一帮只会说闲话、看似有骨气却没志气的南唐文武大臣，叽叽喳喳地说个不停，最终都只会耍嘴皮子功夫，没有一个能拿出切合实际的具体主意来。

"现在不是抱怨的时候，我南唐的情况众爱卿也都知道，如今不比从前那般国富民强，真要把赵匡胤给惹恼了，南唐的覆灭近在咫尺……"李煜说。

其中一位大臣，见国主李煜如此着急，也的确是在为江山社稷免遭生灵涂炭之苦焦虑，斗胆提议李煜给宋太祖赵匡胤写封亲笔信认个错，服个软儿，好好表表忠心。"这样做虽然有损国主您的面子，但或许能化解一场战事，暂时可保南唐上上下下平安。"

这真的是没有办法的办法，也是李煜唯一马上能够做到的事。为此，李煜思虑再三，写下了下面这篇言词谦恭恳切、自甘寄人篱下、忠心苍天可鉴的《即位上宋太祖表》：

臣本于诸子，实愧非才，自出胶庠，心疏利禄，被父兄之荫育，乐日月以优游，思追巢许之余尘，远慕夷齐之高义，既倾恳悃，上告先君，固非虚词，人多知者。徒以伯仲继没，次第推迁，先世谓臣克习义方，既长且嫡，俾司国事。遹易年华，及乎暂赴豫章，留居建业，正储副之位，分监抚之权。

惧弗克堪，常深自励，不谓奄丁艰罚，遂玷缵承，因顾肯堂，不敢灭性。然念先世君临江表，垂二十年，中间务在倦勤，将思释负。臣亡兄文献太子从冀，将从内禅，已决宿心，而世宗敦劝既深，议言因息。及陛下显膺帝箓，弥笃睿情，方誓子孙，仰酬临照。则臣向于脱屣，亦匪邀名，既嗣宗祏，敢忘负荷？惟坚臣节，上奉天朝，若曰稍易初心，辄萌异志，岂独不遵于祖祢，实当受谴于神明。

方主一国之生灵，遐赖九天之覆焘。况陛下怀柔义广，煦姁仁深，必假清光，更逾曩日。远凭帝力，下抚旧邦，克获宴安，得从康泰。然所虑者，吴越国邻于敝土，近似深仇，犹恐辄向封疆，或生纷扰。臣即自严部曲，终不先有侵渔，免结衅嫌，挠干疏辰。仍虑巧肆如簧之舌，仰成投杼之疑，曲构异端，潜行诡道。愿回鉴烛，显谕是非，庶使远臣，得安危悃。

这份表文大意是：微臣本是先君的一个普通皇子，既平庸又无能，虽自幼热心攻读经典，但一向视功名利禄等如浮云。靠着父亲和兄长的庇护与抚育长大成人，一心追求淡泊，希望能像巢父、许由、伯夷、叔齐那样归隐山林，自由自在地做个富贵闲人。奈何几位家兄相继早殇，先君只好按长幼顺序将社稷传给微臣。南唐得有今日，全靠天朝遗泽，陛下登基以来，微臣受益尤深。如今微臣袭位，一定恪守先君遗训，竭尽为臣之道，奉朔进贡，率由旧章。伏乞陛下明察。近日令微臣焦灼不安的是，邻国吴越时常在边境挑衅，并谗言离间天朝与南唐的睦邻和好，望大宋皇帝陛下对此予以关注。

收到李煜亲笔书写的这份既诉衷肠又表忠心的《即位上宋太祖表》，加上一起送来的最新版本《南唐防御图》，还有两千两金器、两万两银器、三万匹绫罗绸缎，贪得无厌、巧取豪夺的北宋皇帝赵匡胤终于露出了一丝满意的微笑……

据《宋史》记载，当年北宋皇帝赵匡胤登基时，李煜的父亲李璟送的贺礼是绢两万匹、银一万两。这样一比起来，李煜登基时给北宋送去的贺礼，足足是他父亲的三倍！

这还不算什么，李煜几乎是时时贡、事事贡，但凡听到宋朝有什么喜事或其他活动，都要派人去祝贺，每次送的都不是小数目。就算南唐有些家底，也是吃不消的，这样胡乱上贡，由此给南唐的财政带来了诸多赤字……

（十五）霓裳羽衣　玉楼春雪

有所喜好的人生注定是丰富多彩的。

李煜和周娥皇都是非常喜好并十分擅长音律之人，每每遇到好的曲子，必然第一时间组织教坊司的宫娥们抓紧排练，然后集体演出，并与文武百官们一起欣赏。其中，最能展示周娥皇超群才艺的是她凭借在宫中藏书阁内偶然发现的残谱，修改并复原了失传近两百年的《霓裳羽衣曲》。

说起这《霓裳羽衣曲》，可不是一般的曲子，而是大有来头，在古代中国的宫廷及民间都很有影响力。相传唐玄宗李隆基登顶洛阳三乡驿时，曾向着远远的女几山眺望，见山峦起伏、烟云缭绕，顿时产生了许多美丽的幻想，随即便入了梦，开始了在上界的仙游之旅。

醒来后，李隆基把在梦中仙游时听到的仙乐在谱子上记录了下来，随后据此创作了一部适合在宫廷演奏的乐曲，命乐工们排练，令爱妃杨玉环设计舞蹈，这才有了名扬天下的《霓裳羽衣曲》！

此曲十分细腻优美，表现的是仙真们在上界的生活情状，有"上元点环招萼绿，王母挥诀别飞琼"等道教神话场景。仙乐一旦奏起，腰肢如柳的宫女们，就开始载歌载舞，一个个宛如仙女下凡，顷刻间，人间锦绣山河、天上美丽宫阙纵横交织，仿佛一下子都来到了看客跟前。

为了庆祝《霓裳羽衣曲》时隔二百年有缘重见天日，也为了和周娥皇以及文武百官们一起分享这份难能可贵的喜悦，李煜特地挑了个月圆之夜，让宫娥们换上漂亮的衣服一起演奏，供王公大臣们欣赏。

是夜，《霓裳羽衣曲》响起来的那一刻，时间仿佛凝固，所有人都被周娥皇领舞的优美舞蹈给迷得神魂颠倒。正如李煜后来在《玉楼春》一词中所描述的那样：

晚妆初了明肌雪，春殿嫔娥鱼贯列。凤箫吹断水云间，重按霓裳歌遍彻。

临春谁更飘香屑？醉拍阑干情味切。归时休放烛光红，待踏马蹄清夜月。

在一个晴朗的月圆之夜，一场大型宫廷歌舞酒宴马上就要开始了。宫娥们出场前先是化妆，因是晚妆，为了适合舞场与烛光，画眉点唇，都不妨色泽浓艳。把自己打扮得漂漂亮亮的宫娥们，化完妆的一刻，是何等的光彩照人呀！

妆毕，只见那春殿上宫娥如云，个个美若天仙，她们队列整齐，鱼贯而入，虽是层层娇娘的行列，望之也顿生军旅的浩荡之感。歌罢宴散，苍穹之间月色更明，李煜当即吩咐随从灭尽红烛，然后和周娥皇一起骑着温顺的白马，踏着明媚的月色归去。歌舞虽散，但余兴却依然未尽！

那时，李煜和周娥皇，既是君臣，也是夫妻；既是艺术上的朋友，也是难得的知己。

若没有周娥皇，《霓裳羽衣曲》恐怕会一直遗落人间，迟迟不见天日；若没有李煜，也不会有《玉楼春》这样绚丽的诗词；若不是他俩相遇相知又相爱，也不会有这般珠联璧合、琴瑟和鸣的千秋佳话。

似水流年总是很无情，幸好有如花美眷相伴左右。这位陪着李煜在莺歌燕舞后骑着白马踏月归去的国后，被后人称为"大周后"，她的确才华横溢、风姿绝代，迷倒的可不只是李煜一人，在当时真可谓倾国倾城。

《霓裳羽衣曲》不只是一场歌舞，更是李煜和周娥皇这对才子佳人美满爱情的见证。日日夜夜，天高水长，你侬我侬，忒煞情多。

现在看来，绝世佳人周娥皇是何等聪明的女子，她懂得这个集才华与至高无上权力于一身的男人，知道如何让自己在后宫三千佳丽中长期受专宠。对此，《南唐书》曾这样记载：

后主昭惠国后周氏，小名娥皇，司徒宗之女，十九岁来归。通书史，善歌舞，尤工琵琶。尝为寿元宗前，元宗叹其工，以烧槽琵琶赐之。至于采戏弈棋靡不妙绝，后主嗣位立为后，宠嬖专房，创为高髻纤裳及首翘鬓朵之妆，人皆效之。

周娥皇能歌善舞，李煜极善于填词，比翼双飞，天造地设。对李煜而言，堆积如山的国事太让人心烦了，就让它随风而去吧，唯有美人歌舞可以让人消磨光阴、忘却烦恼。

一个大雪纷飞的隆冬之夜，金陵城皇宫大殿内，李煜和周娥皇同桌共饮，喝起了交杯酒。酒酣之际，周娥皇娇滴滴地邀请李煜一起跳舞。

"爱妃若能当场编出新曲谱来，朕就按新曲谱起舞如何？"李煜笑着说。

"这可难不倒小女子。陛下您等着！"周娥皇吩咐宫女们笔墨伺候，一边哼着小曲儿一边扭着腰肢编着曲谱，微醺中的李煜在旁边含情脉脉地看着她。

果然，不出一盏茶工夫，周娥皇就编出了两支情调完全不同的曲谱来，分别名曰《邀醉舞破》《恨来迟破》，虽然一个高昂激进，一个低沉悲凉，但音律之间都充满了无限柔情蜜意和情调情趣，很快让人沉迷并乐享其中。

对李煜以及很多文人墨客来说，今生今世若能有周娥皇这样的绝代佳人相伴左右，徜徉在由诸多貌美女子和动人声乐共同编织的诗情画意里，自然是极其幸福的，也是极其享受的。

皇宫大殿，金碧辉煌，美女如云，轻歌曼舞。

能和心爱之人把酒言欢，醉生梦死，似活在人间，又似活在天上，这是多么逍遥快活的事啊。

可就在李煜昼夜沉溺于纸醉金迷和柔情蜜意中不求进取时，北宋的赵匡胤却在大规模招兵买马，尤其加强了对水军精锐的操练。自古以来，北方的人都不大习水性，要想一统江南，水战不可避免，因此必须得拥有一支精锐之师，这样才能打败敌人。

南唐的文武百官们不是没觉察到这一点，国主李煜如果再这样长期沉迷于犬马声色，国家灭亡之日估计不远了，因此纷纷上折子希望李煜能从歌舞升平中尽早苏醒过来。

李煜也曾被一些文武大臣冒死进谏、忠心为国的行为所感动。可感动归感动，李煜不是不知道面临重重危机的南唐该做什么，不该做什么，这些他自始至终其实都知道，可就是做不到！

国事实在是太繁杂了，做皇帝在身份上虽贵为九五之尊，但每天都过着如履薄冰般的日子，真的好累好累啊！

只有在诗词歌赋和莺歌燕舞中，李煜才能暂时把一切没完没了的烦忧和过于沉重的包袱都统统忘却。也只有在这里，李煜才能真正找回自己，让躁动不安的灵魂得以抚慰……

就这样，霓裳羽衣、玉楼春雪一次又一次在南唐宫殿里上演，李煜一次又一次沉溺其中……

（十六）上行下效 酒色年华

自古以来，历朝历代，皇帝及宫廷的喜好对朝廷上下及民间的影响都是极其深远的。作为南唐的国君，李煜如此喜欢诗词歌赋以及醉生梦死的生活，自然而然会令文武百官们纷纷效仿。

如此一来，日日夜夜饮酒作乐、贪图享受歌舞升平的，就不仅仅只有李煜夫妇和王公贵族们了。当时奢靡之风也不单单只有皇宫里才有。南唐的文武百官们不论官职大小，几乎人人都沉溺于声色犬马，各自府上多多少少也都养有貌美如花的歌姬，他们长期浸泡在温柔乡里，尽情地享受着酒色年华。

对于早已风雨飘摇的国家和日益涣散的朝政，深陷酒色不能自拔的李煜俨然没有了想去寻求改变的欲望，只要能维持现状便已满足。管他赵匡胤拿下了多少城池，扩充了多少军备，这些与我李煜、与我南唐有何关系？战场上的厮杀是多么残酷又血腥的事情，哪有这缠绵悱恻的爱情和柔情似水的歌舞，让人身心愉悦呢？

为了能让眼前这"今朝有酒今朝醉"的日子维持得更长久一些，李煜和他的朝廷不仅对宗主国北宋及其掌舵者赵匡胤进贡示好，而且更加殷勤起来，刚开始是半年一次，后来改为两三月一次，再到后来，几乎月月都要去汴梁叩首进贡。

源自江南大地的金银珠宝、丝绸骏马、绝色美女等，作为贡品被源源不断地运往北方，呈送给北宋朝廷及皇帝赵匡胤。北宋朝廷见李煜及南唐上下无不沉迷声色，毫无斗志和进取心可言，心里自然十分高兴。

对外俯首称臣、卑躬屈膝，对内贪恋酒色、痴迷声乐。

李煜天生就是一个多情坯子，即位时又很年轻，虽然三宫六院里养有许多妃子宠姬，但时间一长，看惯了就觉得有些腻，或觉着不够新鲜，于是不断在江南各地甄选美女入宫。

周娥皇纵是天姿国色、倾国倾城，也难以抵挡男人尤其是帝王的花心，要想把自己爱的这个男人死死拴住，就得多花一些心思。为此，每天早晨起来，要穿什么样的衣裳，梳什么样的发型，总是让她煞费苦心。

作为南唐的第一夫人、母仪天下的女人，周娥皇爱美爱打扮，世人皆知。为了能一直讨李煜的欢心，周娥皇几乎每天都要换一套新衣服，有时瘦及束腰，有时宽袍大袖。日积月累，光服装周娥皇就给自个儿准备了上百套，各种首饰更是有千百种，发髻方面几乎天天都有新样式，可谓层出不穷。

每次打扮完毕，周娥皇还不忘追问李煜好不好看、美不美，一直到李煜认可满意为止。国后如此爱梳妆打扮，在南唐上下掀起了一股爱美之风。尤其是那些王公贵族的内眷，纷纷视周娥皇为榜样，甚至天天派人进宫打听今天国后穿的是什么样式的衣服，梳的是什么样子的发髻，然后一一模仿。

一时间，南唐女子上自王公贵族下至平民百姓，都跟着周娥皇琢磨如何让自己变得更美。

"士为知己者死，女为悦己者容。"

但凡爱打扮自己的女子，一定不是为了给自己看，让自己变美都是为了给自己喜欢的人看的。而周娥皇才貌双全，这才深受国主李煜百般宠爱，一度在南唐后宫得到专宠。

那些同样水灵灵、娇滴滴的后宫佳丽，个个年轻貌美，无不对男女之情充满期待。为了让国主加上江南第一才子李煜能够多看自己一眼，哪怕就那么一眼，可谓费尽了心机。

其中有一位名为窅娘的嫔妃，未入宫前出身贫寒，每天都靠着采集莲花而生，好在人长得非常漂亮，十六岁时被选进了宫中。与中原的女子有所不同，窅娘眼眶非常深，鼻子高挺，皮肤白皙，身材又特别好，深受嬷嬷的喜爱，被选去跳舞。

身体天生就很柔软，水蛇一样的腰肢，加上还可以跳出许多高难度的舞蹈动作，进宫后不久，窅娘很快又被选去做了领舞。随后，皇宫里举行的一场宴会改变了窅娘一生的命运，她遇到了生命里最重要的男子——李煜。

经过一番刻苦训练，窅娘身轻如燕，在跳舞方面更加精进，早就把根据唐人王昌龄《采莲曲》一诗意境改编的采莲舞跳得炉火纯青。据说窅娘跳舞时好像莲花凌波，其俯仰摇曳之态，尤其优美，甚是动人。

那天晚上在宫里举行的宴会上，窅娘的妩媚舞姿迷倒了在场所有人。李煜痴痴地看着窅娘在那里跳舞，也深深为其舞姿着迷，还情不自禁地吟起王昌龄的那首《采莲曲》来：

> 荷叶罗裙一色裁，芙蓉向脸两边开。
> 乱入池中看不见，闻歌始觉有人来。

不只如此，李煜还联想起南朝齐废帝萧宝卷和他的爱妃潘玉奴那桩风流韵事：潘玉奴因有着一双"柔弱无骨、状似春笋"的小脚而得萧宝卷宠幸。为了讨小美人欢心，萧宝卷专为潘玉奴建造了仙华、永寿、玉寿三座华丽的宫殿，壁嵌金珠，地铺白玉，又雕凿成莲花，饰以粉色美玉，令潘玉奴赤脚在其上翩翩起舞，他则在旁如痴如醉地欣赏，并不断地高声喝彩，赞曰"天外飞仙过，步步生莲花"。

当晚宴会结束后，李煜就忍不住临幸了窅娘，事后抚摸她的小脚时，又灵机一动，如果能让萧宝卷和潘玉奴那桩风流韵事中的金莲花重现，该有多好！想到这里，李煜立即特谕工部，用黄金铸造了一座高六米的巨型莲台，并告诉窅娘："这是专门为你打造的，以后你就在这高高的莲台上，为朕跳舞吧！"

李煜已有了自己喜欢的女人周娥皇，对窅娘不过是一时兴起罢了，但十六岁的窅娘却不这么看。情窦初开的她深深爱上了这个既温柔又有才情的男人，哪怕只是片刻的温存、点滴雨露的滋润，她也心甘情愿做他的女人。

从此以后，窅娘为了能够换来李煜的一个微笑，每天都盛装跳舞。为了使自己的舞跳得更加好看，窅娘每次跳舞时都把自己的脚用棉帛缠成新月状，每次都要忍受剧烈的疼痛，就像在刀刃上一步一步跳着一样。

李煜虽然没有真正爱过窅娘，但一直都非常喜欢看她跳舞。窅娘为了能在六尺金莲舞台上跳舞，为了能进一步博得李煜的欢心，这才想到了对自己尤为残忍的缠足之法。如此一来，就可以用脚尖点着莲花翩翩起舞了。窅娘自己都没想到，无意间她竟成了中国封建社会女子缠足的始作俑者。

后来封建社会中的女子，为了能有一双让男人们喜欢的"三寸金莲"，从未成年时就开始摧残天性强行裹脚，直至双脚发生畸变。为此，有人专门作诗反讽过李煜：

一弯新月上莲花，妙舞轻盈散绮霞。

亡国君王新设计，足缠天下女儿家。

周娥皇为讨李煜宠爱想尽各种办法打扮自己，窅娘为了李煜能多看自己几眼情愿忍受剧痛缠足，不只她们，南唐后宫中的女子为了能博得李煜的恩宠，用尽了各种各样的手段。

有一个叫秋水的宫娥，相貌虽然不错，但几乎没有什么才艺，唱歌唱歌不行，跳舞跳舞不行，书画书画不行。因此，秋水虽进宫多年，却始终未引起李煜的注意，甚至从来没被他正眼瞧过。

一日，郁郁寡欢的秋水在御花园散步时，发现花丛中有一种花散发着沁人心脾的幽香，吸引了无数蜂蝶戏舞。不管秋水用扇子怎么驱散，这些蜂蝶就是久久不肯离去，足见这花有多香。

秋水凑上去一闻，果然非同凡响，这花香入人肺腑后，香而不腻，却能让人立即为之心猿意马。秋水原本只是觉得花香好闻，随手摘了几朵花插在自己的发髻上，没想到一群蜂蝶立即围着自己飞舞，走到哪里跟到哪里。

这下秋水脑袋开窍了，"我何不偷偷地用这些花瓣洗澡，让自己身上散发非常迷人的香味，同时摘一些花，把花粉抖下来涂抹在发髻上，吸引蜂蝶飞舞，这样一来是不是就能引起国主的注意了？"

说干就干，秋水想到的这一招果然很有效，很快就引起了国主李煜的注意。李煜原本以为是秋水喷洒了不一样的香水，这才吸引了蜂蝶的追随。于是，特地把她叫到自己身边来询问个究竟。

"奴婢没有喷洒香水，而是自幼身上就有一种特别的香味，也许是天气有些热，香味散发，这才吸引了不少蜂蝶。"秋水一边说一边柔情似水地看着李煜。

李煜凑近秋水身边一闻，果真闻到不同于一般少女体香的另一种销魂入骨的香，让他立马有些魂不守舍。"你叫什么名字，侍寝过寡人没有？"

"奴婢叫秋水，自幼命苦，没有那个福气……"秋水说着说着，马上就泪水涟涟，好像受了很多委屈似的。

李煜本就多情，这一看好一阵心疼，抱起秋水就吻了起来……

无才无艺的秋水竟然都被国主临幸了，这也太不可思议了！

后来，南唐后宫的嫔妃们虽然知道了这是秋水使出的诡计，但也都无话可说，不管用什么手段，毕竟秋水的目的达到了。

李煜才华横溢，又是皇帝，又懂女人，后宫佳丽们个个都想得到他的恩宠。

李煜喜欢诗词，有嫔妃专门为其认真研习诗词；李煜喜欢书画，有宫娥专门为其苦苦临摹书画；李煜喜欢音律，有嫔妃专门为其用心研究音律……

只要能讨李煜喜欢，博得其欢心，哪怕仅仅是被其多看几眼，或与其有片刻的温存，就算付出再多的辛苦，都是值得的。为此，南唐后宫中的这些粉黛佳丽，无所不用其极，都在想方设法、用尽各种手段斗艳争宠……

（十七）醉生梦死 万劫不复

"春宵苦短日高起，从此君王不早朝。"

一旦醉生梦死的日子过久了，骄奢淫逸就变成习惯跟理所当然了。夜以继日宴饮作乐，才子佳人歌舞升平，南唐上上下下沉沦得越来越不像个样子了，有时候因彻夜沉迷于活色生香之中，到天亮方才停歇，连正常的早朝都保证不了。

即位之初，李煜还愿意跟文武大臣们一起讨论讨论怎么治理好国家，尽早恢复国富民强的样子。但到后来，李煜变得越来越听不进大臣们的不同意见。宋史温所著的《钓矶立谈》中曾记载了这样一件事：

后主天性喜学问，尝命两省丞郎给谏、词掖集贤、勤政殿学士，分夕于光政殿，赐之对坐，与相剧谈，至夜分乃罢。其论国事，每以富民为务，好生戒杀，本其天性，承戮国之后，群臣又皆寻常充位之人，议论率不如旨尝。一日叹曰："周公、仲尼忽去人远，吾道芜骞，其谁与明？"乃著为《杂说》数千万言，曰：

"特垂此空文，庶几百世之下，有以知吾心耳。"

原来，李煜也曾喜欢和大臣们在一起讨论富国强民之策，如有臣子的意见与其相反，他不但从不反省，还责怪大臣们不理解他。除了自比上古明君，李煜还时常感慨当今世上没有周公、孔子一样的贤人，所以无人理解他的为君之道。他只好把自己的治国见解记下，以期望后世有人理解他。

幽州人潘佑，为了躲避五代十国时的战争南下，迁徙到金陵居住，后在南唐大臣徐铉和韩熙载的推荐下入朝廷当官。元宗李璟授其为秘书省正字，值崇文馆。后主李煜即位后，提拔潘佑为虞部官员外、史馆修撰、知制诰、中书舍人。

作为南唐大臣中典型的外来派，潘佑见南唐日渐衰弱，急需进行一场大变革，所以想通过实施变法力挽狂澜，挽救南唐当时的危难局势。在具体措施上，潘佑准备借鉴《周礼》实行井田制、依周礼置牛籍等思路进行变法，并上疏国主李煜，希望李煜能够让好友李平当尚书令，这样更利于变法的推行。

潘佑、李平所倡导的变法，很大程度上触及了当时士大夫阶层的利益，一开始就遭到了徐铉、张洎等大臣们的抵制与排斥，并在李煜面前不停地诋毁潘佑、李平二人。由此一来，潘佑、李平等人的变法行动很快就宣告失败了。

既然失败了，总得有人为失败承担责任，这是铁律。听信了奸佞小人谗言的李煜，下旨要将潘佑、李平二人打入天牢。

潘佑闻讯后不久便自尽于家中，李平随后也在狱中上吊身亡。回头看，潘佑、李平之变法在当时若是成功实施的话，恐怕宋朝灭南唐真有些难度，至少还须多花些时日才行。

不只是潘佑、李平这样的忠臣被误杀错杀，连赵匡胤都惧怕的南唐大将林仁肇，也被李煜给杀了。话说此人出生于建阳，即今福建省南平市北部的建阳区一带，清人吴任臣在《十国春秋》中记载：林仁肇"刚毅多力，身长六尺余，姿貌伟岸，文身为虎形"。根据唐、宋时一尺等于三十余厘米来看，林仁肇身高至少有一米八以上，且力量大得惊人，不仅性格刚直，还很有毅力。

当年，后周禁军节度使赵匡胤发动"陈桥兵变"，改后周为宋朝时，因忙于稳定朝纲，对南唐根本没有戒心也无暇顾及。这时，南唐节度使林仁肇曾向南唐后主李煜建言，趁赵匡胤反叛称帝无暇南顾之际，南唐军队可一举进攻淮南地区，定能取得收复失地的胜利。淮南地区是南北方的军事重镇，位于长江流域重地，如果南唐取得此地，在以后对宋朝的作战中就能获得非常有力的保障。

在这么好的情势面前，胆小怕事的李煜却没一丝进取之心，断然拒绝了林仁肇的要求。随后林仁肇的种种想法也遭到了南唐朝廷内部投降派的忌惮，在林仁肇出任江西巡抚后，朝中的一干大臣多次诬陷林仁肇，说他在江西地区拥兵自立，意图裂土封王，这使李煜十分震惊，也使其和林仁肇的关系开始出现裂缝。

"陈桥兵变"成功后，宋太祖赵匡胤得报李煜和林仁肇的关系出现裂缝后，想出一条恶毒的反间计，以借机害死让他害怕的林仁肇。赵匡胤命人花费重金求得一幅林仁肇的画像，在南唐王爷李从善代表南唐进汴梁朝贡时特地让他观看，并且下意识地告诉他，林仁肇早就已经与大宋谋划合作了，南唐灭国之日，便是林仁肇加官晋爵之时。

闻听此事，不辨真伪的李从善大为惊恐，回到南唐后马上告诉了国主李煜，李煜听后气急败坏，立刻下旨赐死林仁肇。当时有大臣向他进言："林仁肇是南唐柱石，一旦杀掉以后将无人能抵挡北方军队的进攻。"但李煜坚持认为林仁肇只是个武将，杀了没啥大不了，依旧坚持将林仁肇赐死。这消息传到汴梁城，赵匡胤好一阵喜笑颜开。

南唐这边接连错杀忠臣及大将，导致后来国家真正面临战事需要派人挂帅出征时，这才发现几乎无一人可遣。北宋那边呢，这时候却加紧操练，想各种办法全面扩充军队，同时大规模开凿水渠引水，以便进行水上军事训练。

这一切都被南唐部分忠君爱国的文武大臣看在眼里，也急在心里，但他们都知道后主李煜的脾气，即便有想法，看到前面被杀的那些忠臣良将，心里头多多少少都有所顾虑，所以都迟迟不敢谏言。

有一个叫张宪的大臣，最后实在忍不下去了，眼看着亡国的危险就要来了，不能再这样遮遮掩掩了！于是张宪斗胆冒死向国主李煜进谏，希望沉溺声色无法自拔的李煜能早点苏醒过来，好好打理朝政，做好应对北宋再次入侵的各项准备。

对张宪所言及建议，李煜觉得很有道理，为感谢张宪为国着想、为主分忧，还特地赏赐给了张宪三十匹棉帛，并在朝堂之上好好表扬了他一番。

可想归想，说归说，做归做，怎么想的、说的不重要，关键要看皇帝在实际中是怎么做的。从最初的希望满满，到后来的失望直至绝望，以张宪为代表的大臣等啊、盼啊，最后还是落得空欢喜一场。

作为国主，李煜依旧跟往常一样醉生梦死，跟如花美眷把酒言欢到天明，完全没把张宪等人所提谏言及建议放在心上，也未做出任何根本上的改变。

慢慢地，南唐的文武百官们觉得眼前这个羸弱的主子，彻底没指望了。

一年一度，冬去春来，金陵古城，花开花落，一切如旧。在活色生香中自甘堕落、于骄奢沉沦中不断忘我的南唐后主李煜，身心如跌深渊，早已万劫不复……

一国之主尚且如此，他所掌舵的国家还能好到哪儿去呢？本就风雨飘摇的南唐，在上上下下骄奢淫逸、贪图享乐中变得更加危机重重，窟窿越来越大……

第六卷

风流才俊觅新欢
佳人薄命

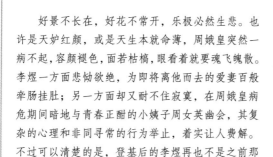

　　好景不长在，好花不常开，乐极必然生悲。也许是天妒红颜，或是天生本就命薄，周娥皇突然一病不起，容颜褪色，面若枯槁，眼看着就要魂飞魄散。李煜一方面悲恸欲绝，为即将离他而去的爱妻百般牵肠挂肚；另一方面却又耐不住寂寞，在周娥皇病危期间暗地与青春正酣的小姨子周女英幽会，其复杂的心理和非同寻常的行为举止，着实让人费解。不过可以清楚的是，登基后的李煜再也不是之前那个纯情专一的李郎，风流本性暴露无遗……

（十八）娥皇病危　心如刀绞

"一日夫妻，百世姻缘。百世修来同船渡，千世修来共枕眠。"明朝时期编写的集结中国从古到今各种格言、谚语的《增广贤文》，至今仍被视为经典中的经典，上面这句话就出自其中。后来，电视剧《新白娘子传奇》插曲《渡情》的词作者陈自为唱曲顺畅需要，把它改为"十年修得同船渡，百年修得共枕眠"，进一步使其广为流传。

但凡世间男女，有缘相遇相知相爱并共结连理，本身就已十分不易。人生在世，若能得一红尘知己并风雨相随、同床共枕，乃是前世在佛前修炼了数千年，这才换来今世这一桩美好姻缘。

一转眼，才子李煜和佳人周娥皇的婚姻就满十年了。

光阴似箭，弹指一挥间，从皇子到皇太子再到皇帝以及两个孩子的父亲，十年里李煜的身份不停地切换，他再也不是那个一心想着要"一棹春风一叶舟，一纶茧缕一轻钩。花满渚，酒满瓯，万顷波中得自由"的翩翩公子了。

过去十年，是李煜人生充满风云变幻的十年。回想起来，从皇子一下子到皇帝，这一路惊心动魄，出乎意料，简直跟做梦似的。真正想要的却偏偏得不到，从没想过的却冷不丁从天上掉下来。

过去十年，是李煜收获美满幸福爱情的十年。从在父皇的寿筵上偶遇周娥皇，到相思成灾，再到如愿风风光光迎娶周娥皇为妻，并与其恩爱缠绵、比翼双飞。你是才子，我是佳人，心心相印，琴瑟和鸣，终究成就了一段传奇佳话。

过去十年，是李煜为人夫、为人父的十年。爱妻周娥皇先后为李煜生下两个儿子，大儿子仲寓如今已是俊秀少年，小儿子仲宣虽年幼，但聪慧伶俐、乖巧懂事，在诗文音律方面极有天赋。这是多么幸福又多么让人羡慕的一家人。

过去十年，是李煜为繁重国事所困、锐气一步步褪去的十年。从父皇手里接过来时本就已经风雨飘摇的南唐，进一步成为北宋的附庸，长期深受其压制，要地位没地位，要尊严没尊严。内忧外患，想做些改变，却又难于上青天。

过去十年，是李煜为躲避现实深陷醉生梦死、骄奢淫逸的十年。灯红酒绿、酒池肉林、粉黛宠姬、歌舞升平，以《霓裳羽衣曲》为代表的各类莺歌燕舞，极大满足了李煜及王公贵族们享受声色犬马之需，人也跟着消沉、颓废了。

不管怎样，过去这十年，整体而言李煜过得还是极其潇洒的。能得周娥皇这一倾国倾城的绝世佳人和红颜知己为妻，婚姻美满，爱情甜蜜，夫复何求？

　　那些你起舞来我作词、你作画来我研墨的温馨场景历历在目，两人简直如同神仙眷侣，试问这世间，有几对男女能如这般逍遥快活？

　　李煜自然是真心爱着才女周娥皇的，即便身为皇帝，偶尔看上后宫佳丽中的其他胭脂水粉，一时性起，临幸了其他妃嫔，但那颗心始终都是拴在周娥皇身上的。这一点从来都没变过，也因此成就了一段人人传颂的爱情佳话。

　　周娥皇自然也是深爱着才子李煜的，都说男人是泥做的，粗俗不堪，尤其是那些身居高位的男人，更是不把水做的女人当女人，可李郎不是。他虽贵为皇帝，但在生活中更像一位温柔的绅士，是那般深情款款，懂女人冷暖，讨女人喜欢。也因此，很多耳鬓厮磨之时，周娥皇甚至都忘了自己身边的这个男人是皇帝。

　　倘若没有周娥皇带来的甜蜜爱情，过去十年，纷乱如麻的国事和内忧外患的担子，定会把李煜给压得喘不过气来。正是有了这份爱情的滋润，才让他这个处在乱世中的羸弱君主对生活充满了希望，找到了精神寄托和勉强坚持下去的理由。

　　倘若没有李煜的百般宠爱，全力支持，且心有灵犀，过去十年，周娥皇也不会在才艺上更加精进，失传近两百年的《霓裳羽衣曲》也不会重见天日，她这个国后也不会因此博得"才貌双全"的美名。

　　周娥皇把自己最好最美的青春交给了这个掌舵南唐江山的

男人，这个男人也把自己最好的年华给了周娥皇，这一生有此经历，再怎么也值了！

"天有不测风云，人有旦夕祸福。"往往越接近完美、越极尽美好的事物，背后就越藏着不可预知的变数！

为博得君王欢心，持续受其专宠，在《霓裳羽衣曲》上投入了太多心血的周娥皇，也许是积劳成疾，也许是为了起舞效果穿得太单薄，以致在夜以继日的辛劳中感染了严重的风寒，公元964年的深秋，她突然病倒了。

原本以为像之前一样，只是一些小毛病，太医们来把把脉、开点药服下就无大碍，可这次不管怎么治就是治不好。太医们给的答复是国后患的是疑难杂症，一时半会儿找不出真正的病根儿来。

周娥皇一病不起，太医们连续折腾好几天，也查不出个所以然来，心急如焚、一向温文尔雅的南唐后主李煜怒了！

"你们这些太医平常都是怎么治病救人的？白养你们这么多年，要是还治不好国后的病，你们就回乡下养老去吧！"

人到中年，最容易患得患失。寻常百姓如此，南唐后主李煜也同样如此。

他怕，怕从祖父、父亲一代代传下来的南唐"三千里地山河"有朝一日彻底被北宋赵匡胤给掳走，他从至高无上的皇帝一下子沦为阶下囚。那样的话，上对不起列祖列宗，下对不起天下苍生和黎民百姓。

他怕，怕与自己一路风雨同舟、心心相印的爱妻娥皇，年

纪轻轻就离自己和孩子而去。那样的话，他就成了彻彻底底的
孤家寡人，就像鱼儿离开了水，鸟儿离开了森林，会陷入无穷
无尽的孤独和无边无际的寂寞。

所以，为了照顾娥皇，牵肠挂肚的李煜干脆不上朝了。每
日守护在爱妻身边，嘘寒问暖，到了夜里还连续多日和衣守候
在病榻旁，急切盼望着爱妻能尽早康复。

眼看着周娥皇面容憔悴、气息微弱，李煜更加着急了。

为了唤起周娥皇对过往美好往事的回忆和对人生的留恋，
激励她对未来生活充满向往和信心，鼓舞她与病魔抗争，李煜
将一首《后庭花破子》赠予周娥皇，借庭前玉树和镜边瑶草，
来比喻他们的美满婚姻和幸福生活，祈祷娥皇能和他一起白头
偕老：

玉树后庭前，瑶草妆镜边。去年花不老，今年月
又圆。莫教偏，和月和花，天教长少年。

你看那些佳木美花，点缀在前庭后院，布满了室内镜边，
是多么令人赏心悦目。去年的花树依然生机勃勃，繁花锦枝，
又在今年的月圆之夜竞相开放，香气袭人。花好、月圆两者都
不可偏废，伴着鲜花，伴着圆月，上天会让人青春永驻，会让
人容貌永远美好。

这首词通过玉树、瑶草、花、月等抒发了李煜此时此刻对
美好生活的向往和对青春年华的依恋之情。而这种浓厚的依恋，

正是建立在明知以后将要失去的无奈和恐惧之上。这种感情在后主李煜的所有词作中，是不常见的，足见他有多珍惜跟周娥皇在一起的日子。

为了一个女人，竟然连早朝都不上了，完全置江山社稷不顾，这让文武百官们更加怨声载道。眼看着北宋赵匡胤的铁骑就要横扫过来了，偏居一隅的南唐被灭掉只是时间早晚的事。这时候见后主李煜还在整日为了一个即将死去的女人心不在焉，"红颜祸水""不祥的女人"等流言蜚语屡禁不止。

不只如此，这些文武百官还接连去拜见圣尊后，请她出来主持公道。这国主李煜到底是要江山，还是要美人？南唐江山社稷如今到底还要不要了？

圣尊后自然招架不住这些文武百官三番五次地登门，为了南唐天下，她顺着文武百官们的意思，开始不停地训斥儿子李煜。眼看着周娥皇奄奄一息，估计也活不了多久，于是她开始着手物色起新的国后人选。

这样一来，上有圣尊后训斥，下有文武百官抱怨，让伤心欲绝中的李煜更加心如刀割。周娥皇多多少少也听闻了文武百官的一些恶毒怨言，一生气病情不但没有好转迹象，反倒日益加重。

可恶的病魔很快将貌美如花、胜似天仙的周娥皇折磨得骨瘦如柴、形容枯槁，双目暗淡无光不说，整天人都是浑浑噩噩的。百般焦急的李煜，情绪也随着周娥皇病情的日益恶化，变得越来越失控。

　　周娥皇气若游丝，太医们说治愈的可能性不大。李煜从希望走向失望，又从失望走向了绝望……

（十九）女英进宫 春心萌动

　　周府接到宫里的报信，得知娥皇病重后，上上下下十分着急。周母赶紧简单收拾了下行李，这就要进宫去看自己的女儿。

　　周娥皇的妹妹周女英一听说姐姐病重，也十分焦虑。好多年都没有见到姐姐了，异常想念，没想到如今却听到了这样的坏消息。

　　"母亲，我也要随您去进宫看望姐姐，不知道姐姐的身体现在到底怎么样了，病得严重不严重。"周女英说着，眼角湿润起来。家人见状，为这份姐妹情深感动，也都支持她随母亲一起进宫探望娥皇。

　　说起这周女英，比周娥皇小14岁，当年李煜迎娶周娥皇时，她才刚刚5岁。可一转眼，十年时间过去，她已从黄发垂髫的童年步入了美妙的豆蔻年华，出落成风姿绰约、娇艳欲滴的芳龄少女，跟周娥皇年轻时一样倾国倾城，一样天姿国色，谁看了都会情不自禁地喜欢上她。

　　后来周娥皇病逝，李煜迎娶周女英并立为国后，所以时人与后人称她为"小周后"，以便和她的亲姐姐"大周后"区别开来。要不是因为姐姐周娥皇突然生病，估计周女英一时半会儿也不会进宫，可能会许给门当户对的人家做儿媳。可偏偏在这时候，情窦初开的纯情少女周女英进了宫，遇到了满腹诗情且多愁善感的男子李煜，从此她的命运就跟这个男人的沉浮紧密地连在一起了。

小时候，周女英多次跟随母亲一起入宫看望姐姐、姐夫，因她长得好看又聪明，深受李煜母亲钟氏的喜爱，时常会派人将其接到宫中小住。天真烂漫的周女英，和宫里那些循规蹈矩的皇子皇孙相比，既俏皮又可爱，总会给人带来欢乐。那些年，李煜在案牍劳神之余，也常以姐夫的身份陪周女英一起嬉戏。

因此，偌大的皇宫对周女英来说，其实是很熟悉的地方，这里有她童年时期的很多记忆。虽然长大后有些年头没来过了，但基本上没什么大变化，皇宫还是从前熟悉的样子。

入宫后，周女英先去拜见了从小就很疼她的圣尊后，嘘寒问暖一番后，又依礼前来拜见后主李煜。对于这个才华横溢的姐夫，周女英一直都很欣赏，对其印象也很好，待字闺中这些年，她也算饱读诗书，没少读李煜创作的那些诗词。

李煜呢，虽说见过几次周女英，但以前她毕竟还是个黄毛小丫头，年龄上悬殊太大，根本不存在什么非分之想。可如今情形就不同了，当年的俏皮丫头已长成亭亭玉立的美少女，浑身上下绽放着迷人的青春芳华。时隔多年，周女英突然以崭新面貌出现在李煜面前，让其好一阵惊慌，甚至有些不知所措。

"果真是小妹啊！几年不见，你竟然都长成大姑娘了，还这么漂亮，一开始我还以为我认错人了呢！"

李煜亲自扶起前来行礼的周女英，触摸到她如雪般柔软的肌肤，眼神与她相对的那一刹，竟有种怦然心动的感觉。

"姐夫，什么叫还这么漂亮啊，我本来就很漂亮。你真是贵人多忘事，当上皇帝后就把人家忘了。这才几年啊，都想不起我来了，我不就是长高了、变漂亮了一些吗？哼！不理你了，我去看看我姐姐！"

周女英依旧那般俏皮可爱，噘起樱桃小嘴，瞪了李煜一眼，装作有些生气的样子离开了。

也许是因娥皇病情持续加重，压得李煜实在喘不过气来；或是宫里那些暮气沉沉毫无青春活力的嫔妃，看得有些疲倦了。一见到周女英，她浑身上下散发的青春气息和那副纯情少女的模样，让李煜突然感觉自己像是回到了年轻的时候，就跟当年第一次见到娥皇时的感觉一样。

这一见面不打紧，貌美如花、活力四射的周女英，立刻深深地印在李煜的心坎上了，让他内心生起层层叠叠的波澜，久久不能平静。这种波澜是一个男人遇到让自己真正心动的女人时，才会突然生起的那种波澜，是怎么也斩不断的缕缕情丝，如何也挥不去的浓浓情愫。

向来风流多情的李煜，这时候仿佛忘了病入膏肓的周娥皇还躺在床上，至少不再像前些日子那般为她牵肠挂肚了，满脑子全都是周女英的影子。

为了方便见到让自己神魂颠倒的小姨子，李煜对周女英的住所做了特别的关照和安排，让她住在了皇宫瑶光殿别院内一座幽静的画堂里。这里空气清新、阳光充足，紫藤花开得正艳，到处都弥漫着沁人心脾的清香。

一天中午，用完膳，小睡一会儿后，李煜醒了。时值春花烂漫、蜂蝶戏舞时节，春风和煦，阳光温暖，李煜的心也跟这万物竞发的春天一样躁动不已，忍不住想去看看自己那娇美可爱的小姨子。

"她这时候是在午睡，还是跟我一样也醒了呢？"李煜边走边猜测着。

来到画堂跟前，李煜没让宫女们前来跪地接驾，也没让她们出声，自己悄悄地走了进去。原本是想给周女英一个惊喜，可到了画堂门口，发现堂内一片安静，想必周女英还在午睡。李煜轻轻地推开虚掩的门扉，蹑手蹑脚地走进外间书房，从竹帘的缝隙中向内窥探。

此时，周女英正身着当时宫内最流行面料的睡衣，躺在垂着蝉翼般半透明纱帐的绣榻上酣睡，睡衣上绣着的几朵粉红色含苞待放的荷花，甚是好看。一头又黑又亮的秀发抛散在枕畔，两条白嫩如脂的手臂，一条弯曲着紧贴面颊，一条半曲着放在腹部……

好一个半掩半露、充满诱惑的睡美人！

李煜从头到脚来回打量着周女英，心里的情虫开始直挠痒痒。你瞧，小妹的五官是多么的端庄秀美，腰肢是多么的窈窕纤细，双腿是多么的光洁修长……简直跟初入宫时的周娥皇一模一样，浑身上下散发的青春美少女气息，无法不令男人着迷。

静静地看着，悄悄地欣赏着，李煜无意间一抬手碰响了门饰，这下把周女英给惊醒了。周女英睁开迷迷糊糊的睡眼，见平时高贵典雅又很有修养的国主李煜突然出现在自己面前，不免有些手足无措，少女的羞涩一下子染红了脸颊。

周女英生怕方才的睡态不雅，有失大家闺秀的矜持，便信手操起一方丝锦薄单披在身上，惶恐地呼了一声："姐夫，您什么时候来的？"然后赶忙下床，急步闪到画屏后面更衣。

为了打破眼前这尴尬的局面，进退两难的李煜只好下意识地干咳两声，硬着头皮滞留在了书房的竹帘外……

换上色彩夺目衣装的周女英，全身散发着少女肌肤特有的异香，仙女一般从画屏后走了出来，李煜一看，更加心猿意马。随后，两人在书房的书案前坐了下来，周女英也开始好生打量起眼前这位既是皇帝也是才子的姐夫来。

"小妹，平常只要不是在朝堂之上，你就不必拘礼，直接叫我姐夫就好，这样显得更为亲切。这里，你住得还惬意吗？"李煜问道。

"很惬意，谢谢姐夫还专门来看我。都说姐夫是一目双瞳人，之前我没仔细看，这下真真地看清楚了，难怪民间都说您跟古时候的舜一样。"周女英说。

"我可比不了舜，他除了是一位圣君之外，还有称心如意的一后一妃：后曰娥皇，妃曰女英，她们是亲生姊妹，就像你姐姐和你一样。如果我也能跟舜一样，那该多好……"李煜说。

周女英虽涉世不深，但一听姐夫李煜这么直白，知道其话里有话，在毫无思想准备的情况下，又一次羞红了脸，也不知如何回答，只好低头不语。

李煜见状也自感有些失言，迅即转移话题，胡乱问候了几句，就匆匆告别离开了，他也不知道为什么就那么轻易说出了那番话来。

一回到书房，虽然周遭很安静，但李煜的心怎么也安静不下来，只觉着跟周女英刚才在一起时间太短，多有遗憾。再想起刚才无意间窥见的无边春色和凹凸有致的美丽胴体，很快提笔写下了下面这首《菩萨蛮》：

蓬莱院闭天台女，画堂昼寝无人语。抛枕翠云光，绣衣闻异香。

潜来珠锁动，惊觉银屏梦。脸慢笑盈盈，相看无限情。

午睡时分，蓬莱仙境般的宫院，画堂掩映，静寂无人。我悄悄来到宫门边，却见门上已上锁，从门缝瞧去，酣睡中的心上人秀发如云，抛散在枕畔，宽松的绣衣散发出阵阵幽香。

那种慵态，让我心潮起伏，忍不住想把珠锁弄开，响声惊醒了沉醉于梦乡中的你，你出不来，我也进不去，就让我们这样会心地一笑，彼此默默无语，你看着我，我看着你，让目光脉脉含情地绞在一起,搭一道无形的小桥,传送彼此的无限深情。真好啊,就让我们这样相对、相看,直到永远!

　　写完这首暗藏着一个男人对一个女人心生情愫的艳词,李煜老怕有些地方不完美,又从头至尾扫视了好几遍,这才小心翼翼地将这首词装进红笺内,然后传唤门口侍奉他的宫女,命其送往画堂,还特地交代要在旁边无人时亲自交给周女英。

（二十）暗送秋波　眉目传情

　　周女英出身名门，自幼少不了熟读诗书，长大后跟她姐姐周娥皇一样，都是才貌双全的女子。

　　眼看着到了谈婚论嫁的年龄，很多贵胄子弟前来提亲，却没有一个入她的眼，总觉得这些人空有皮囊，没有什么内涵。对于男人的挑剔这点也很像她姐姐周娥皇。

　　待字闺中这些年，周女英虽然也断断续续读了一些李煜的诗词，时不时会被其华丽的辞藻和凄美的意境打动，但从来都没想过有一天，这位才华横溢且贵为天子的姐夫会专门为自己写词。

　　收到姐夫李煜派宫女送来的词笺，周女英刚开始大吃一惊，而后又心动不已。

　　"蓬莱院闭，画堂昼寝，绣衣闻香……"这写的不正是那日中午姐夫偷看我在画堂里睡觉时的情景吗？再看"相看无限情"，难道姐夫真的对我动了情？他那么有才华，又贵为天子，已娶姐姐为妻，他们那般恩爱，这下我该怎么办才好？

正值情窦初开年龄的周女英，哪经得起情书这番撩拨，她自幼饱读诗书，当然看得出来姐夫李煜通过这首词想要表达什么。这才进宫几天啊，姐夫就开始给我写词表露心迹了，这速度也太快了！

不管怎样，周女英心里面终究是美滋滋的。想着想着，不一会儿就满脸通红，接着是心怦怦直跳，少女的娇羞全都表现出来了。白天，周女英在画堂里经常捧着姐夫李煜写给自己的词发呆；夜晚，在梦里接连梦到自己跟成熟稳重、风流倜傥的姐夫黏在一起，手牵手、肩并肩，深情接吻拥抱，一起欣赏秋月春风。

自打画堂一别，《史记》《列女传》等书中关于尧帝的两个女儿娥皇、女英同嫁舜帝的传说，在周女英和李煜二人心中都引起了不少遐想。"这也许是天意，我身边既有娥皇，也有女英，要是都能成为我的妃子，那我和舜帝不是一样的吗？"

专门从宫里的藏经阁找来《史记》《列女传》，一口气读完尧帝两个女儿同嫁舜帝的传说，周女英也睡不着了。"若真是天意，我和姐姐注定要同侍一夫，姐姐愿意吗？姐夫会这样做吗？"

一转眼，周母和小姨子女英进宫已有些时日。

"这段时间，国事、家事繁忙，鲜有空闲好好招待她们，再加上宫里头因为国后娥皇的病，好久都没热闹过了，是该办一场歌筵为周母和小姨子接风，顺道冲冲喜了。"李煜心里这样想着，马上吩咐了下去。

　　对李煜来说，办歌筵早已是司空见惯的事，娥皇病倒前，宫里头几乎天天都歌舞升平。可这次不一样，李煜的主要目的并不是为了办一场歌筵，也不完全是为大老远来的丈母娘接风洗尘，而是为了借此机会多跟周女英待一会儿。

　　自那日在画堂看到周女英迷人的身段，上上下下都散发着的青春气息，李煜就再也忘不了她了。跟当年遇到年轻貌美的周娥皇一样，周女英也着实令李煜神魂颠倒，以至于在寂寥的长夜里辗转反侧，久久不能入眠，最后相思成灾。

　　宫里教坊司按照李煜的吩咐，对这场歌筵进行了精心设计，所选曲目皆雍贵华丽，开场照例是李煜跟周娥皇最喜欢也最引以为傲的《霓裳羽衣曲》。

　　周娥皇的病情丝毫不见好转，勉强撑着看了一小会儿，此时接连起伏的声乐听起来不再像病前那么美好，反倒显得有些嘈杂，让她心烦意乱，还不如静躺着好好休息。毕竟身患重病，整个人的气场跟眼前这歌舞喧嚣的气氛，显得格格不入。

　　周母虽一直希望能完整欣赏这重见天日的《霓裳羽衣曲》，但一看周娥皇的样子，也没了继续坐在那里安静欣赏歌舞的心情，她一直都很担心娥皇的身体状况，时不时俯身下去嘘寒问暖。

　　李煜见状，好生安慰了周母和娥皇一番，考虑到娥皇抱恙在身，的确需要静养，赶紧吩咐宫女们小心伺候娥皇回寝宫休息。周母想陪大女儿好好说说话、聊聊家常，也就跟着去了。

　　方才岳母和国后娥皇在场，李煜多少有所顾忌，不敢越过娥皇多看周女英，他深知娥皇一向都极为敏感，稍不注意他那点小心思就会被她看出端倪来。

等周母和娥皇一走，李煜很快就让周女英坐到自己身边来，靠近些。周女英欣然应允，与姐夫李煜紧挨着坐在一起，一边喝酒品茶，一边吃着点心观赏着宫女们在下面尽情地跳舞。

李煜本来就对风华正茂的周女英倾心已久，这几日更是朝思暮想，如此近距离地坐在一起，更是心猿意马，恨不得马上就得到她。两人一边欣赏歌舞一边聊天，始终有说有笑，不停地眉目传情，时不时还有一些肢体上的接触。周女英偶尔也故意撒起娇来，更是搅得李煜心里一片翻江倒海。

气势恢宏的《霓裳羽衣曲》演奏完毕，李煜见周女英也看得十分入迷，对她说："小妹，此曲能够重见天日，多亏了娥皇，你姐姐真不愧是音律方面的天才。只可惜，她如今生了重病，再也不能为朕跳舞了……"

周女英听完姐夫李煜这番话，见他提到病重的姐姐时触景生情，满脸的黯然神伤，于是马上安慰道："《霓裳羽衣曲》果然非同凡响，姐姐的确很了不起，难怪你们如此恩爱，令人羡慕。姐姐这病估计也与长年累月跳这舞有关系，如果姐姐今后再也不能为陛下跳舞了，该怎么办？"

这倒一下子提醒了李煜，《霓裳羽衣曲》完完整整跳下来，的确时间长、动作变换多，回想起来每一场都把娥皇累得不行，但为讨得李煜喜欢，即便每次都汗湿了衣襟，娥皇也从无半点怨言。天气暖和的时候还好一些，冷的时候穿得太单薄很容易被风寒侵袭，时间长了积劳成疾在所难免。

"咱先不说这个了,小妹,我听说你在音律方面也很有天分,尤其擅长演奏玉笙,要不你也来一段,让我一饱耳福?"李煜深情款款地望着周女英,对她的才艺充满期待。

"我哪能跟您和姐姐比,虽然从小喜欢也一直在练习,但毕竟没有经过专门的训练。我要是演奏得不好,姐夫千万莫笑话我!"周女英一向对自己的才艺还是很有信心的,面对李煜临时给的考题,她故作谦虚,只不过是为了给李煜一个惊喜。

宫女按照李煜的吩咐,很快就准备好了宫里面最好的玉笙。周女英很熟练地演奏了唐代诗人张若虚的著名诗作《春江花月夜》,描绘出一幅幽美邈远、惝恍迷离的春江月夜图,将游子思妇真挚动人的离情别绪及富有哲理意味的人生感慨,演奏得淋漓尽致。

周女英不仅玉笙演奏得好,那双水灵灵的、含情脉脉的眼睛也没闲着,一边演奏一边不停地向李煜暗送秋波。这情景像极了当年父皇寿筵上献舞的娥皇,一下子就把李煜的心给抓住了,让他激动不已。

"小妹,没想到你把《春江花月夜》演奏得这么好,我都陶醉了,简直身临其境。如此天籁之音,你方才还那么谦虚!"李煜一脸的喜悦,眼睛里全是爱意。

周女英抿嘴一笑,考验既然过关了,那就不能这么轻易地放过李煜。"真的吗?好听的话,那我也就不谦虚了。姐夫您一向学富五车、才高八斗,趁现在心情愉悦,作首词吧!想必也难不倒您!"

李煜万万没想到这小丫头竟突然来了这么一手，临时将起他的军，不过心里头倒是美滋滋的："小妹这时候让我作词，想必前几日让宫女送过去的那首《菩萨蛮》，她已认真读过，已经懂我的心思。"

"好你个小妹，这分明是在考我啊。既然你今天这么高兴，那姐夫就依你。"李煜说完马上吩咐宫女们去准备笔墨纸砚，趁这间隙，他起身来回走了几步，一首新的《菩萨蛮》很快便成竹在胸：

> 铜簧韵脆锵寒竹，新声慢奏移纤玉。眼色暗相钩，秋波横欲流。
>
> 雨云深绣户，未便谐衷素。宴罢又成空，魂迷春梦中。

这首词以方才周女英演奏玉笙、宴饮为素材，既大胆又直白，不再像第一首《菩萨蛮》那样多少还有些委婉含蓄，表达了李煜与周女英两人眉目传情却又不敢越雷池半步，相爱、相恋却无机可乘，只好在梦中相聚的感受。

"眼色暗相钩，秋波横欲流。"一个含情脉脉，一个心猿意马。李煜通过词再次向周女英表明心迹：要不是顾及你姐姐娥皇的感受，真恨不得马上把眼前这热闹的歌筵场面换成深深的闺房，眼下只能在春梦里与你相会，享受柔情蜜意了。

频繁的情诗来往，明里暗里的各种交集，李煜和周女英的感情在赏花、听曲、一起切磋诗词音律中迅速升温，远远超出了小姨子和姐夫应该保持的界限。

如同恋人般狂野炽热直至如胶似漆，最后两人几乎"一日不见，如隔三秋"。

《史记》《列女传》等书关于尧帝二女娥皇、女英同嫁舜帝的传说，在李煜和周女英两人心中引发无限联想。

在李煜看来，周女英就是这传说里的女英，娶她则是天经地义；

在周女英看来，李煜就是这传说中的舜帝转世，嫁他命中注定。

尽管这段时光里，两人不断通过情书或词笺表露心迹，但李煜总觉得远远不够，感情和身体上的饥渴，仅凭这些实在难以满足……

（二十一）暗夜偷会 两情相悦

又过了些时日，娥皇的病，无论太医们怎么努力，还是一直没有好转的迹象。

原本风华绝代、倾国倾城的国后，如今面容枯槁、日渐消瘦，长期在病床上躺着，精神愈发恍惚，前后对比起来，简直判若两人。

二皇子仲宣年纪还小，长时间不见娥皇，老是哭着闹着要娘，奶妈怎么哄都哄不好。爱妻久病不起，爱子又哭闹个不停，国势每况愈下，政务纷乱如麻，这些叠加在一起，时常让李煜这个一国之主倍感身心疲惫。

自从娥皇病倒后，李煜无论是身体还是精神上，一直都很空虚，尤其是情感方面，很长一段时间都处于饥渴状态。虽说烟雨南唐佳丽频出，后宫年轻貌美的嫔妃也不少，她们在这时候也都费尽心机地讨李煜欢心，以期获得帝王宠幸。但临幸归临幸，侍寝归侍寝，真正能像娥皇一样触动灵魂让李煜朝思暮想、神魂颠倒的后宫佳丽，细数下来却寥寥无几。

这期间，唯一能让李煜在感情上找到寄托的便是周女英了。

跟她在一起，李煜如沐春风，仿佛重新回到了20多岁时跟周娥皇在一起的你侬我侬，是那般甜美轻松、激情澎湃。周女英不仅貌美如花、俏皮可爱，还跟周娥皇一样多才多艺，满眼都流露着温柔娇羞，这是可遇而不可求的。

"我一直都在苦苦找寻灵魂上的伴侣，你和小妹都是能住进我心房里的女子。娥皇，经过这段时间跟小妹的相处，我已彻彻底底地爱上她了，就如当年彻彻底底爱上你一样，这是天意，希望你不要怪我！"

李煜用完膳，批阅完压在案牍上的奏折，又想起娥皇和周女英来。"舜帝当年同时娶了娥皇、女英两姐妹为妻，同样是天生异相的帝王，同样遇到了名为娥皇、女英的你们两姐妹，我李煜为何就不能跟舜帝一样，同时拥有你们两个呢？"

此时天色已晚，掌管李煜饮食起居的太监总管，拿来侍寝花名册请李煜圈点，李煜看都没看一眼，说想独自清静一晚上。看了一盏茶工夫的书，就再也看不下去了，李煜像是想到了什么，拿起笔很快画了一幅画，让宫女给周女英送过去。

周女英这时候正在画堂里反反复复读着李煜写给她的两首情意绵绵的词，对着其中的"雨云深绣户""魂迷春梦中"等字句，浮想联翩。"姐夫也真坏，写就写吧，竟然这么直白露骨，也不怕明眼人看了笑话……"

想着想着，李煜派来的宫女到了，把画亲自递给周女英，留下一句话后，人就走了。"陛下除了让我把这幅画带给您，就说了句您聪慧过人，一看画自个儿就能明白，其他什么也没说。"

周女英小心翼翼打开一看，李煜差人送过来的画，画的正是自己现在住的地方。画堂南侧不远的移风殿也在这画里，只见其中的一扇橱窗后面画着两个亲密的背影，一轮弯弯的月亮悬在半空中，旁边还挂着三颗星星。

聪慧伶俐的周女英，看完画想了一会儿，马上就明白李煜要表达的意思了。"姐夫这是约我三更时分去这移风殿跟他约会啊，白天人多眼杂，多有不便，夜深人静，移风殿有画堂挡着，一般不会让人觉察出来，的确是谈情说爱的好地方。"

可转念一想，周女英又有些犹豫不决。

"到底是去还是不去呢？去吧，自己这样做肯定对不起姐姐，也会引来世俗的非议，毕竟背着姐姐跟姐夫纠缠不清有失体统和颜面；不去吧，又觉得对不起自己，姐夫的确是自己真心喜欢的男人，通过这段时间的交往，自己真的动了心，已悄悄爱上他了，错过了肯定会后悔。"

"怎么办，怎么办，今晚我究竟要不要去见他……"

周女英在画堂里来来回回踱步，最后还是下定决心要去赴约。"人生苦短，知音难觅。既然我们彼此真心相爱，那就轰轰烈烈地爱他个地老天荒，管别人说什么。何况姐姐现在这样子，怕是好不了了，与其让其他后宫嫔妃趁机钻空子争宠，不如让我这个亲妹妹来替姐姐守住姐夫的人和心……"

想清楚了，周女英也就不再踌躇不定了，赶紧坐在铜镜前好生梳妆打扮起来，她要把自己收拾得漂漂亮亮的，让李煜从此以后再也忘不了她。今晚月色朦胧，星光点点，想着马上要去跟心上人偷偷幽会，周女英满脸通红、心跳加速。

李煜自从看上周女英并被其深深迷住后，早就按捺不住内心的躁动，巴不得马上得到她，这些日子一直都在寻找机会，但又怕娥皇知道，所以考虑再三，这才想到画堂南畔移风殿这个既隐蔽又能掩人耳目的地方来。

等啊，盼啊，终于到了三更时分。

趁着忽明忽暗的夜色，李煜早就神不知鬼不觉地溜出了自己的书房，悄悄地来到了画堂南畔的移风殿，迫不及待地盼望着小情人能早点到来。为制造浪漫的约会气氛，不辜负今晚这良辰美景，李煜还亲自摆好了鲜花，让殿内弥漫着淡雅清醇的花香味。

周女英梳妆打扮完毕，穿上了自己最喜欢的那双金缕绣鞋，趁着宫女们换班的间隙悄悄地走出了画堂。夜深人静，那双金缕绣鞋踩在石板上，发出脆耳的声响，加上挂在鞋子上作为装饰的两只银制小铃铛也在摇摆中发出很大的声响来，把周女英吓得左顾右盼，这声响稍不注意就会被人发现，那样的话，和李煜半夜里幽会这事可就要暴露了。

为此，周女英先是试着放慢脚步，小心翼翼地往前走，但最后发现还是不行，依旧有很大的动静，索性把鞋子脱下来直接提在手上，双脚踩地，这才一路小跑着往画堂南畔的移风殿那边赶了过去。

来到移风殿门前时，周女英早已气喘吁吁，心里面仍然很惊慌，像做贼似的生怕被人看见，因此还特地有意识地往四周看了看，没发现有什么人，这才轻轻推开虚掩的门迅速躲了进去。

李煜看到周女英提着金缕绣鞋急匆匆地走了进来，洁白棉袜上沾满了泥巴和青苔，红彤彤的小脸上写满了慌张，赶紧跑过来抱住了她。

高度紧张的周女英，这时候心都提到了嗓子眼上，见到李煜后顺势扔下手中的金缕绣鞋，一头倒在了心上人的怀里，双手搂着李煜的脖子。

稍微缓了一口气，周女英将脸贴在李煜的胸口，轻言细语地说："看到你的画后，你可知道我冒了多大的险、鼓足了多大的勇气，才好不容易跑到这里来跟你偷偷约会？谁让我这么快就爱上你了呢，今晚我就把我自己给你，今生今世不管别人怎么说，我都要与你生死相依，一起白头偕老……"

李煜终于从周女英嘴里听到了这香甜如蜜的情话，好生感动，都说"士为知己者死，女为悦己者容"，当一个男人如此被一个女人痴痴地爱着，又何尝不心神愉悦呢？

这一刻，作为情郎的李煜是多么的幸福、多么的兴奋，浑身上下更加热血沸腾，他脱下了周女英沾了泥的袜子，抱起她亲吻着走向了温软的床榻……

躺在床上一脸娇羞的周女英，慢慢褪去了裹在自己身上的衣衫，在烛光灯影衬托下，那副充满活力和青春气息的少女胴体显得更加诱人。含情脉脉地看着眼前这个自己真心喜欢的男人，周女英的眼神里充满无限渴望和期待。

"春宵一刻值千金，花有清香月有阴。"

这些日子早被周女英迷得神魂颠倒的李煜，又做了一夜新郎。在锦衾绣榻上，李煜跟他这段时间一直垂涎的美人周女英翻云覆雨，身体和灵魂合二为一，忘记了天和地，忘记了世俗禁忌，忘记了彼此的身份。

这一夜，在这殿内，只有一个男人跟一个女人，只有甜蜜的情、浓郁的爱、停不下来的缠绵……

就这样，深陷爱河不能自拔的李煜和周女英你情我愿，一夜缠绵，眼看着晨光乍起，还依旧难舍难分。这一夜虽有些苦短，但极其销魂；虽有些意犹未尽，但足以令彼此毕生难忘。

翌日，趁着天还没大亮，为了不让人发现，李煜和周女英各自悄无声息地回到了自己原来的住处。匆忙上完早朝，李煜的脑子里依旧缠绕着昨夜跟周女英私会缠绵时的点点滴滴和各种温情片段。

沉醉窃喜之余，李煜又即兴写了第三首《菩萨蛮》，差宫女给周女英送了过去。这一次，他竟然把周女英如何跟自己偷偷幽会的事情写了出来：

花明月暗笼轻雾，今宵好向郎边去。刬袜步香阶，手提金缕鞋。

画堂南畔见，一向偎人颤。奴为出来难，教君恣意怜。

相比前两首《菩萨蛮》，这首新词在写法上有很大不同。李煜借用周女英的口吻，用她的语气，描绘了在三更时分一位妙龄少女偷偷跑出门去跟情郎私会的情景。"朦胧的月色下花儿开得是那么的娇艳，在这迷人的夜晚我要与你秘密相见。我穿着袜子一步步迈上香阶，手里还轻轻地提着那双金缕鞋。在画堂的南畔我终于见到了你呀！依偎在你的怀里，我内心仍不停地发颤。你可知道我出来见你一次是多么的不容易，今天晚上我要让你尽情地把我爱怜。"

李煜真不愧是风流才俊、千古词帝。至此，他把自己与周女英如何相见、相恋、相知、相爱的场景、过程及情感历程，通过三首名为《菩萨蛮》的词，淋漓尽致地展现在世人面前。

这些词中有关他跟周女英郎情妾意，琴瑟和谐的描绘，犹如一幅栩栩如生的风流韵事工笔画，色调虽然看起来浓淡适宜，但其中的色彩却鲜艳诱人，让热恋中的红尘男女看了，无不浮想联翩……

第七卷

妻离子去 多情自古空余恨

　　世间没有不透风的墙，李煜和周女英之间的地下私情，自以为神不知鬼不觉，终究还是露出了马脚。一直在病中的娥皇通过种种迹象，看出了丈夫和自家妹妹关系不一般的端倪，除了不堪忍受的病痛，又徒增了一块心病。加上次子仲宣的意外身亡，更让娥皇心力交瘁，很快一代佳人就在绝望和怨气中香消玉殒了。面对突如其来的妻离子散，回过神来的李煜悲恸欲绝，为妻儿写挽联时一直泪雨阑珊，这段至暗时光让他一生都无法忘记……

（二十二）娥皇生疑 心病难医

对南唐而言，李煜既是一国之君，又是江南第一才子。在文艺鼎盛、诗文浸润的南唐，但凡国主李煜有新的词作问世，都会被官方和民间广为传唱。李煜的词本身语言明快、形象生动、用情真挚，且大都用的是白话文，少了文言文的那份干涩，所以很容易理解和铭记，不少词作成为各种声乐坊竞相传唱的经典。

千错万错，错在李煜始终是一个不折不扣的性情中人，在国家治理中如此，在日常生活中亦如此。跟周女英背着娥皇偷偷幽会、贪恋男女之欢也就罢了，他竟然把跟女英的偷偷约会、眉目传情、耳鬓厮磨等场景都写进了词里。

李煜写给周女英的三首名为《菩萨蛮》的艳词，很快就在宫里宫外传开了，被谱成曲后后宫宫女们都在传唱。其中一些香艳的词句，着实令人浮想联翩。这自然也瞒不过娥皇，虽然长病不起、久卧床榻，但宫里大小事她还是知道的。

跟李煜结为模范夫妇多年，还有仲宣和仲寓两个皇子是他们旷世爱情的结晶，娥皇太了解李煜了，在一起时一个细微的动作就知道李煜在想什么，要什么。李煜也一样，跟娥皇相濡以沫久了，两人总是心有灵犀，很多时候根本不用多说什么，一个眼神就足够了。

"脸慢笑盈盈，相看无限情。""眼色暗相钩，秋波横欲流。"

这是李煜写给周女英前两首《菩萨蛮》中的末尾词句，娥皇当时躺在病床上，读着读着，心里面就犯嘀咕，究竟是后宫里的哪位年轻佳丽让李煜如此动心？

你看这词，写得如此情真意切，像极了当年李煜疯狂迷恋自己时写的那些情诗艳词。尽管已经是两个孩子的父亲，但从这词中看，李煜简直就像一个纯情少年，在跟自己一眼就爱上的姑娘眉目传情。

搁以前，娥皇是充满自信的，纵然后宫里有红粉佳丽三千，她也丝毫不用担心有人在李煜面前跟她争宠。论才艺，她凭借复活失传了近两百年的《霓裳羽衣曲》，南唐上下，无人能及；论美貌，她年轻貌美，倾国倾城。

可如今不一样了，自己毕竟生过两个孩子，不再是当年那个人见人爱、花见花开的青春美少女，身体和姿色已不如从前，少了很多活力和魅力，多了中年妇女的富态和成熟，对男人的吸引力自然比不上年轻的姑娘们，更何况如今自己还病入膏肓！

画堂南畔见，一向偎人颤。奴为出来难，教君恣意怜。

读到第三首《菩萨蛮》中的后半部分，娥皇心里更是翻江倒海。前面两首《菩萨蛮》，李煜跟心仪女子还仅仅停留在眉目传情阶段，到了这一首，直接就开始约会和投怀送抱了，接着往下如何发展不言而喻。究竟是谁替代了自己，如今深得李煜恩宠呢？

不仅是娥皇对李煜有了新欢充满猜疑，自打迷恋上周女英，李煜个人的言行举止也发生了很大变化，进一步让娥皇有了心病。

想当初，娥皇刚病倒时，李煜是多么的焦急啊，几乎天天守在爱妻身旁，嘘寒问暖，亲自陪护，喂饭喂药，甚至有段时间连早朝都不上了，因此被文武大臣告到了圣尊后那里。

可近期呢，越是病情加重，越需要人陪护的时候，李煜前来探望娥皇的时间却越来越短了，次数也明显越来越少了，有时候甚至一天到晚都见不到他人。即便匆匆来看那么一两眼，也有些心不在焉，说走就走了。

有一次，李煜前来看望娥皇，闲聊几句后，娥皇故意把话题引到李煜最新系列词作《菩萨蛮》上来。

"陛下最近的三首词作都以'菩萨蛮'命名，写得真好，情真意切，臣妾读完，仿佛回到了当初我们刚见面那会儿……"娥皇装作一副什么都不知道的样子，企图试探李煜的反应。

"那都是闲暇时候的闲来之笔，写着玩的，不足挂齿。你身体不好，就不要再费脑筋读书品词了，好生养病吧，仲宣还等着你早日康复陪他玩呢，这些日子一直哭闹着要见你……"

李煜被娥皇那么一说，心里面很是紧张，故意岔开话题。

这完全不是丈夫李煜的风格！之前每次写完一首新词，他都会主动来请娥皇这个做妻子的提意见，甚至亲自读给她听，如果感觉哪里不好马上做修改，娥皇始终都是他词作的第一读者。可如今，这是怎么了？

"闲来之笔""写着玩的，不足挂齿"……这些话李煜之前从来都没说过。娥皇清晰地记得，李煜曾经对她说过，每一首词背后都有作者本人生活、思想的影子，都是对现实的反映，都寄托和储存着作者的心迹，绝不是空穴来风。

周女英自从跟姐夫李煜忘情于"留连光景惜朱颜"的爱河中后，也忽略了病重的姐姐娥皇，好长好长时间不曾前来看她。

刚进宫时，虽然多次来过，但都赶上娥皇昏睡，不便打扰，也就回去了。

有一次，周女英前来探望姐姐的病情，刚到门口就听到了姐夫李煜跟姐姐说话的声音，本想进去陪着说说话，可又害怕见到心思缜密的姐姐后，她一眼就看出来自己跟姐夫之间的秘密，转身又走了。

娥皇跟李煜正聊着，突然发现门口好像有人，探了下头又不见了，感觉有些奇怪，于是让侍女去门口看看，这才得知是自己的亲妹妹。

"妹妹为何到了门口，又不进来呢？这里就姐姐跟姐夫，又没有外人……"周娥皇疑惑地问道。

李煜听说是周女英，心里猛地一颤，为了掩盖神色上的慌张，

赶紧说："小妹想必是看我正在和你说话，怕打扰吧，从小她
就是个懂事的孩子……"

"自打上次宴会上见了一面，这么长时间，都没见过小妹了，
我都快忘了她还在宫里这回事了，还以为她早就回去了呢。陛下，
这段时间你把小妹安排在哪里住下了？"周娥皇问。

"就在这殿外不远的画堂，你知道的，那边清静幽雅，来
看你又很方便……"李煜随心所欲这么一说，竟把自己词中所
写跟周女英在画堂南畔幽会的事给忘了。

说者无意，听者有心。一听李煜说把小妹安排在了画堂，
娥皇脑子里马上想起了"画堂南畔见，一向偎人颤。奴为出来难，
教君恣意怜"这几句艳词里所描绘的情人趁着暗夜偷偷摸摸约
会的情景。

"难道陛下近期深深迷恋的红粉佳丽是小妹？"

周娥皇好像突然明白了点什么，但又不是很确定。

回想起以前跟李煜回去探望母亲，活泼可爱的小妹都跟姐
夫玩得特别开心，小时候也曾说过："姐夫，我喜欢你，长大
了也要嫁给你。"不过，当时她还是孩子，纯属童言无忌罢了。

《南唐书·昭惠后传》里形容周女英"警敏有才思，神采
端静"，还赞她"貌尤绮丽"。与大周后娥皇的雍容华贵相比，
周女英更像是小家碧玉，给人以清新脱俗之感，这也正是李煜觉
得新鲜并为之着迷的地方。

"小妹，你是该去看看你姐姐了，你们姐妹自幼情深，她
也很挂念你。"一日午后，李煜在画堂跟周女英幽会时，搂着她说。

"陛下，我不是不想去探望姐姐，可如今我已经是你的人了，在姐姐面前，我总觉得和你在一起很对不起她。毕竟我们俩在一起是在她生病期间，多少都有点乘人之危的意思，我是无法面对姐姐啊……"周女英撒起娇来。

"我知道，我们也是真心相爱的，这事不能怪你，去看望下你姐姐也没什么，就跟什么事都没发生过一样。现在，娥皇的病还没痊愈，不能让她再生伤悲，看得出她对我已有所怀疑，但应该还不知道我们之间的事。"李煜说。

"好吧，我听姐夫的，抽空我去看看姐姐，要是姐姐能想得明白，从心里接受我侍奉陛下，那就好了。与其把陛下你让给后宫其他女人，不如让我来替姐姐照顾陛下……"周女英这话说得情意绵绵，又不失道理，让李煜更加怜爱。

"我就知道小妹是个通情达理的好姑娘，这样想就对了，要给你姐姐时间，我相信娥皇会明白妹妹这番心思的。眼下娥皇的病还很重，不宜告诉她真相，你自己要控制好情绪。"李煜说罢，又跟周女英好生温存了一番，这才离开画堂。刚开始，李煜跟周女英幽会还偷偷摸摸，后来干脆不遮不掩了。

按照跟李煜商量好的"计策"，一天周女英抽空前来探视娥皇，见躺在病床上的姐姐面容枯槁，消瘦得厉害，再也没有了之前绝色美人的样子，忍不住热泪盈眶，还哭出声来。

娥皇被哭泣声吵醒，发现小妹女英此时正眼含热泪站在病榻旁。赶巧，女英这天穿的是李煜前不久差制衣局专门给她做的新衣服，跟娥皇第一次为李煜跳《霓裳羽衣曲》时穿得差不多属同款。

仔细端详起如今已亭亭玉立的妹妹，年轻貌美，青春靓丽，眼眸活力四射，多么像当年刚进宫时的自己啊，这俊俏模样不让人迷恋喜欢才怪呢。

联想起近日很少见到李煜踪影，还有他写的那三首艳丽的词作，加上妹妹不久前的躲躲闪闪，到今天才算正式前来看望自己，娥皇心藏已久的疑团豁然解开，猜忌、委屈、失望、气愤，突然之间全部涌上了心头。

"你今天穿得这么靓丽，这衣服想必是陛下差人定做的吧，这段时间你是不是一直都和陛下在一起？"周娥皇直截了当地问。

周女英从小就不会撒谎，如今见到姐姐周娥皇这般形容枯槁的模样，内心深处一阵酸楚，更觉得自己和姐夫暗地里寻欢约会，实在是很对不起姐姐。她一时良心发现，泪水不停地在眼眶里打转，哪还掩饰得住呢，只有低头哭泣不语。

见妹妹默默无语，只是站在那里哭泣，周娥皇什么都明白了，自己的猜测果然都是对的，她是了解自己妹妹的，也是了解丈夫李煜的，从这天见到周女英的第一眼起，一切猜测都已得到证实了。

周娥皇心里泛起一阵酸楚，看妹妹此时哭哭啼啼好像也受了很大委屈的样子，长长叹了口气，再也没心情与妹妹交谈。她随即躺下背对着妹妹，紧紧闭上了那双已经深陷的眼睛，泪水顺着她苍白的面颊一串接着一串往下流……

　　周女英见此情形，也不好意思继续待下去了，毕竟自己对不起姐姐在先，这时候说什么都是多余的，只会让姐姐更加伤心难受。

　　"我原本是来探望姐姐的，哪承想阴差阳错，节外生枝，非但没有减轻她的病痛，反而暴露了自己跟姐夫之间的情事。这下可给姐姐增加了一桩心病，该如何是好……"

（二十三）祸从天降 痛失爱子

周女英瞒着姐姐，和姐夫李煜幽会，本就不符合纲常礼法，可偏偏又彼此相爱，双双坠入爱河后如胶似漆，早就把彼此的身份、关系和该有的界限抛至九霄云外。

假如娥皇从头到尾一无所知，或压根儿不介意，那还好说，可如今这层窗户纸捅破后成了一道明亮的伤口，给病危中的娥皇造成更大的伤害，这就难办了。

这样一来，李煜不知道该怎么面对娥皇，曾经那些山盟海誓，那些"今生今世只爱卿一人"的承诺，如今都成了泡影；娥皇也不知道该怎么面对李煜，那个自己深爱也深爱过自己的男人，现在却背叛了自己，爱上了一母同胞的妹妹。

同样，周女英也不知道该怎么面对李煜，虽然她爱他，他对她也百般怜爱，但毕竟这个男人是自己的姐夫；周女英更不知道该怎么面对娥皇，从小到大姐姐一直都那么爱她，没承想如今自己却抢走了姐姐的男人，伤了姐姐的心……

周女英思来想去，宫里目前是待不下去了，再待下去，只会给自己、给姐姐和姐夫带来无穷无尽的困扰，与其这样，不如离开，让所有人都冷静一段日子。

写下一段话，留下一封书笺，周女英就自己离开了皇宫，回到了自己家里。

周宗见小女儿自己从宫里回来了，整天闷闷不乐，把自己关在闺房里也不出门，就觉得这里面肯定有事。周女英也是犟脾气，无论周宗问什么，都不说话。直到从宫里传回消息，周宗这才知道整件事情的原委。

让周宗这个做父亲的万万没想到的是，自己的两个女儿，长大后竟然都爱上了同一个男人。想当初，在给这两个孩子取名字时，就有一些顾虑，如今历史上关于娥皇、女英的历史典故竟然也在周娥皇和周女英身上应验了！

好在自己的两个女儿同时爱上的不是一般人，他是南唐的国主，也算是有个好归宿吧。想到这些，见"生米已煮成熟饭"，周宗这才释然……

这时候最难受的，莫过于周娥皇了。

背叛自己的人却恰恰是自己最爱和最亲的人，这不等于是在伤口上撒盐吗？遭遇这样的事，该是怎样一种痛苦、无助和绝望？

本来就病魔缠身，这时候最需要得到最爱和最亲的人的安慰。谁承想，自己的丈夫和自己的妹妹，竟然在自己生病这间隙如胶似漆、你侬我侬。

或许，病重的娥皇还一直期盼着自己能早日痊愈，恢复往

日的精气神，和自己相爱的人一起看尽江南美景；或许，她还
想着假如自己有朝一日不幸离世，谁来照顾自己心爱之人，谁
来问他冷暖，陪他立黄昏。

可这一切都抵挡不住现实的无情跟残酷，抵不过妹妹的年
轻貌美，更抵不过李煜骨子里的那些密密麻麻的多情种子。后
宫其他女人不管是谁跟李煜在一起，都还可以理解，但为什么
这个人却偏偏是我的亲妹妹？难道是我做了什么伤天害理的事
吗，老天爷？你竟然拿这个来惩罚本就病入膏肓的我！

想得越多，心思就越乱，人也就越痛苦。

娥皇自从知道了妹妹女英跟李煜之间的事，茶不思，饭不想，
吃啥都觉得没胃口。她整日胡思乱想，昏昏欲睡，一醒来就望
着屋顶发呆，一句话也不说，一感到委屈就以泪洗面。

周女英的不辞而别，加上突如其来的各种各样的国事，让
李煜忙得晕头转向，本身也抽不出多少时间来陪娥皇。

这样一来，娥皇更觉得自己好像被所有人给抛弃了，心中
的创伤越来越严重，之前跟李煜在一起时的那些点点滴滴，那
些夫妻间相敬如宾、琴瑟和鸣的日子，如今都随风而去，不再
有那么多留恋，取而代之的是无法表达的怨恨，还有说不出来
的委屈。

经过这么一折腾，心里老有郁结，心情怎么也无法舒畅起来，
周娥皇的病是越来越严重了，面容越来越枯槁，整个人也越来
越憔悴，几乎到了奄奄一息的地步。转眼进入深秋时节，天气
一天天变凉、变冷，周娥皇的心更凉、更冷。

"屋漏偏逢连夜雨，船迟又遇打头风。"就在娥皇身体每况愈下的时候，她和李煜最疼爱的小儿子仲宣突然出事了！

娥皇跟李煜结婚后，先后生了两个既可爱又懂事的儿子，尤其是次子仲宣，各方面都很优秀，可谓是他们的骄傲。自从娥皇病后，仲宣比谁都急，为了能让母后早日康复，这个年仅四岁的孩子经常学着宫女的样子去佛堂焚香祈祷，祈求菩萨让自己的母亲早日康复。

仲宣自幼就聪慧伶俐，记忆力超群。三岁时，仲宣能一字不差地背诵《孝经》，这可是当时书生们准备科举考试所学的典籍，他小小年纪就能熟记。此外，仲宣还熟悉全部繁缛的宫廷礼仪，对皇亲国戚、文武大臣都是礼貌有加，也因此被李煜视为南唐政权未来的接班人。

一日，仲宣像往常一样去佛堂祈祷，突然一只偷吃贡品的猫蹿上了悬挂在房顶上的琉璃灯。不堪重负的琉璃灯和猫一起摔倒在地，发出一声巨响，破碎的琉璃四处崩撒，直吓得仲宣魂飞魄散。一个四岁的孩子受到如此大的惊吓，就此病倒，让御医们也束手无策。

公元965年10月，小小年纪的仲宣受惊吓后得了严重的癫痫之症，很快就夭折了。这无疑是晴天霹雳，令李煜痛不欲生。

刚开始，李煜不敢把仲宣夭折的噩耗告诉周娥皇，怕她会因此病情加重，就暂时对她一个人隐瞒实情。

在周娥皇面前，李煜百般掩饰丧子的悲痛，背地里却默坐无语、伤心欲绝，面对秋雨孤灯，更是痛哭不已。

为了寄托难以抑制的悲痛哀思，李煜孤枕难眠、和泪吞愁。只要一闭眼，脑子里全是小皇子仲宣的影子；一睁开眼，就想起和这个孩子之间的点点滴滴，然后泪流满面。

中年痛失爱子，坐在案前的李煜百般悲痛，泪水不停地流，打湿了案牍上铺设好久的宣纸。心中满怀无限痛苦的李煜将所有哀伤都写进了给爱子的悼诗和祭铭中，流传下来的只有下面这首悼诗和其中一篇祭铭：

> 永念难消释，孤怀痛自嗟。
>
> 雨深秋寂寞，愁引病增加。
>
> 咽绝风前思，昏蒙眼上花。
>
> 空王应念我，穷子正迷家。

> 呜呼！庭兰伊何，方春而零；掌珠伊何，在玩而倾。珠沉媚泽，兰陨芳馨；人犹沮恨，我若为情？萧萧极野，寂寂重扃。与子长诀，挥涕吞声。噫嘻，哀哉！

世间没有不透风的墙，皇宫大院内向来人多嘴杂，小皇子仲宣死于非命的不幸消息，再怎么封锁，没过多久还是传到了周娥皇的耳中，她两眼一黑，当即昏厥过去。

一直以来都视子如命的周娥皇，在感情上实在承受不住如此沉重的打击，仲宣的死就像从她心上剜掉了一块肉，既锥心又蚀骨。

　　身体本就羸弱不堪，加上精神上再受到这么大的刺激，尽管太医们昼夜不停地想方设法全力救治，但都无济于事。

　　周娥皇的病情不仅没有好转迹象，反而进一步恶化，清醒的时候是越来越少了……

（二十四）油尽灯枯　娥皇仙逝

是年，周娥皇29岁。

弹指一挥间，细数下来，嫁给李煜已整整十年了。

如果说李煜和周女英暗地里幽会，是在给周娥皇伤口上撒盐，那么小儿子仲宣的死，毫无疑问是在她胸口上插了一把尖刀，让她痛得窒息。

"人之将死，其言也善。"

和多情种李煜毕竟有长达十年相濡以沫的夫妻情分，周娥皇躺在病床上自觉时日不多时，在内心深处其实已经宽恕了李煜此前对她的冷淡疏远及另觅新欢。

一日，感觉亏欠周娥皇太多的李煜忙完早朝特地前来守护探望，好不容易才看到周娥皇清醒过来。

与之前不同，周娥皇这次露出了浅浅的微笑，既深情又温柔地望着李煜说："婢子多幸，托质君门，窃冒华宠，业已十年。世间女子之荣，莫过于此。所痛惜者，黄泉路近，来日无多，子殇身殁，无以报德。"

周娥皇边说边用她那枯槁无形的手，颤抖着从枕边摸出李煜当年送她的定情物——约臂玉环，又让宫女取来唐中主当年赏赐她的烧槽琵琶，一并还给李煜，用以表示今生今世即将与他永别。

李煜望着眼神无光、奄奄一息的周娥皇，深深地被她对自己的这份至爱所感动，也为自己痴迷周女英辜负了娥皇而内疚不已。毕竟是性情中人，一时悲喜交加的李煜，瞬间泪流满面……

李煜走后，周娥皇好像又突然想到了什么重要的事情，急忙传唤宫女备笔墨。原来她想趁自己还有气时留一纸遗书，把心里想说的话写下来，谁知只写了"请薄葬"三字，就力不从心，再也无法写下去了。

冥冥之中觉得死神就要降临，周娥皇随后吩咐陪侍宫女为她梳妆整理，更换了新衣裳，然后仰面而卧。好生追忆了一下过往人生种种，在重温那些难以忘怀的美好记忆和片段中，29岁的娥皇安安静静地离开了人世。

爱妻周娥皇紧随爱子之后病逝，对深陷悲痛中的李煜而言，无疑是雪上加霜。为自赎罪孽，他不顾周娥皇"请薄葬"的遗言，为其举行厚葬之礼，宫中一切都银装素裹，为母仪天下的周娥皇服丧，又请众多僧侣道士入宫，为其诵经超度。

亲临周娥皇的灵堂哭祭时，李煜每次都悲伤得不能自已，经众人多次苦苦相劝，这才带着无穷无尽的懊悔和无处排解的伤感离去。

　　大殓之日，在绝望和痛苦中一下子清瘦了许多的李煜，再次念及与周娥皇的结发深情，将当年他赠与娥皇的定情信物，以及娥皇生前最喜爱的烧槽琵琶等，一一亲手放入梓宫，作为陪葬物让娥皇一起带走。同时，还将两首写了很久的悼念娇妻与爱子的《挽辞》，一并焚烧在娥皇的灵屋前：

> 珠碎眼前珍，花凋世外春。
>
> 未销心里恨，又失掌中身。
>
> 玉笥犹残药，香奁已染尘。
>
> 前哀将后感，无泪可沾巾。
>
>
> 艳质同芳树，浮危道略同。
>
> 正悲春落实，又苦雨伤丛。
>
> 秾丽今何在，飘零事已空。
>
> 沉沉无问处，千载谢东风。

　　字里行间，皆是血泪。除此之外，更让人读后泣血落泪的是李煜亲自草拟，又命石工镌刻在娥皇陵园巨碑上的《昭惠周后诔》。这是一篇署名"鳏夫煜"的六朝艳体诔文，除沉痛哀悼娥皇"玉润珠融，殒然破碎"，寄托"茫茫独逝，舍我何乡"的哀思外，着重追述了娥皇生前的娇美姿容、端庄举止，以及超众的艺术才华，还有二人温馨甜美的爱情故事以及共同度过的那些相敬如宾的岁月。十四次"呜呼哀哉"式感叹，充分证明李煜在悼念亡妻时曾经受着巨大的锥心蚀骨之痛：

天长地久，嗟嗟蒸民。嗜欲既胜，悲叹纠纷。

缘情攸宅，触事来津。赏盈世逸，乐歜愁殷。

沉乌逞兔，茂夏凋春。年弥念旷，得故忘新。

阙景颓岸，世阅川奔。外物交感，犹伤昔人。

诡梦高唐，诞夸洛浦。构屈平虚，亦悯终古。

况我心摧，兴哀有地。苍苍何辜，歼予伉俪。

窈窕难追，不禄于世。玉润珠融，殒然破碎。

柔仪俊德，孤映鲜双。纤秾挺秀，婉娈开扬。

艳不至冶，慧或无伤。盘绅奘戒，慎肃惟常。

环佩爰节，造次有章。含颦发笑，擢秀腾芳。

冀云留鉴，眼彩飞光。情澜春媚，爱语风香。

瑰姿禀异，金冶昭祥。婉容无犯，均教多方。

茫茫独逝，舍我何乡。昔我新婚，燕尔情好。

媒无劳辞，筮无违报。归妹邀终，咸爻协兆。

俯仰同心，绸缪是道。执子之手，与子偕老。

今也如何，不终往告。呜呼哀哉！

志心既达，孝爱克全。殷勤柔握，力折危言。

遗情眈眈，哀泪涟涟。何为忍心，览此哀编。

绝艳易凋，连城易脆。实曰能容，壮心是醉。

信美堪餐，朝饥是慰。如何一旦，同心旷世。

呜呼哀哉！

丰才富艺，女也克肖。采戏传能，弈棋逞妙。

媚动占相，歌萦柔调。兹夔爱质，奇器传华。

翠虬一举，红袖飞花。情驰天际，思栖云涯。

发扬掩抑，纤紧洪奢。穷幽极致，莫得微瑕。

审音者仰止，达乐者兴嗟。曲演来迟，破传邀舞。

利拨迅手，吟商逞羽。制革常调，法移往度。

剪遏繁态，蔼成新矩。霓裳旧曲，韬音沦世。

失味齐音，犹伤孔氏。故国遗声，忍乎湮坠。

我稽其美，尔扬其秘。程度余律，重新雅制。

非子而谁，诚吾有类。今也则亡，永从遐逝。

呜呼哀哉！

该兹硕美，郁此芳风。事传遐祀，人难与同。

式瞻虚馆，空寻所踪。追悼良时，心存目忆。

景旭雕甍，风和绣额。燕燕交音，洋洋接色。

蝶乱落花，雨晴寒食。接辇穷欢，是宴是息。

含桃荐实，畏日流空。林凋晚箨，连舞疏红。

烟轻丽服，雪莹修容。纤眉范月，高髻凌风。

辑柔尔颜，何乐靡从。蝉响吟愁，槐凋落怨。

四气穷哀，萃此秋宴。我心无忧，物莫能乱。

弦尔清商，艳尔醉盼。情如何其，式歌且宴。

寒生蕙帷，雪舞兰堂。珠笼暮卷，金炉夕香。

丽尔渥丹，婉尔清扬。厌厌夜饮，予何尔忘。

年去年来，殊欢逸赏。不足光阴，先怀怅怏。

如何倏然，已为畴曩。呜呼哀哉！

孰谓逝者，荏苒弥疏。我思妹子，永念犹初。

爱而不见，我心毁如。寒暑斯疚，吾宁御诸。

呜呼哀哉！

万物无心，风烟若故。惟日惟月，以阴以雨。

事则依然，人乎何所？悄悄房栊，孰堪其处。

呜呼哀哉！

佳名镇在，望月伤娥。双眸永隔，见镜无波。

皇皇望绝，心如之何！暮树苍苍，哀摧无际。

历历前欢，多多遗致。丝竹声悄，绮罗香香。

想涣乎忉怛，恍越乎憔悴。呜呼哀哉！

岁云暮兮，无相见期；情瞀乱兮，谁将因依？

维昔之时兮亦如此，维今之心兮不如斯。

呜呼哀哉！

神之不仁兮，敛怨为德；既取我子兮，又毁我室。

镜重轮兮何年，兰袭香兮何日？呜呼哀哉！

天漫漫兮愁云曀，空暧暧兮愁烟起。

娥眉寂寞兮闭佳城，哀寝悲氛兮竟徒尔。

呜呼哀哉！

日月有时兮龟蓍既许，箫笳凄咽兮旐常是举。

龙辆一驾兮无来辕，金屋千秋兮永无主。

呜呼哀哉！

木交枸兮风索索，鸟相鸣兮飞翼翼。

吊孤影兮孰我哀，私自怜兮痛无极。

呜呼哀哉！

应窘皆感兮，何响不哀？穷求弗获兮，此心騰摧，

号无声兮何续，神永逝兮长乖。呜呼哀哉！

杳杳香魂，茫茫天步。抆血抚榇，邀子何所？

苟云路之可穷，冀传情于方士。呜呼哀哉！

爱子仲宣和爱妻娥皇相继死去，李煜长时间郁郁寡欢，经常睹物思人，想多了想累了就做梦，梦见爱子、爱妻向自己走过来，梦一醒又陷入无边的孤寂……

为了排遣积淀在胸中的愁闷，李煜常常独自一人来到瑶光殿阶前的几株腊梅树下伫立徘徊。这些沐浴着冷月清辉的梅树，皮似龙鳞，疏影横斜，暗香浮动。挂在枝头上的那些成串的花蕾，或含苞欲放，或蓓蕾初开，艳丽动人，风一吹过来，就散发出淡淡的幽香。

在一阵阵沁人心脾的腊梅清香中，李煜又想起跟娥皇在一起的那些美好的日子，心中再次徒增不少伤感。"这冷艳芬芳的腊梅是娥皇和我亲手移植到这里的，我俩曾乘月浇灌，并肩赏玩。如今这些梅花又开了，和我相濡以沫的娥皇却匆匆离开了人世，留下孤零零赏花的我，如此一来，梅花开得再娇再艳，又有何意义呢？"

在雪地伫立多时后，李煜怀着满腔眷恋和满腹的惆怅，写下一首《梅花诗》：

> 殷勤移植地，曲槛小栏边。
>
> 共约重芳日，还忧不盛妍。
>
> 阻风开步障，乘月溉寒泉。
>
> 谁料花前后，娥眉却不全。
>
> 失却烟花主，东君自不知。
>
> 清香更何用，犹发去年枝。

在常人看来，这梅花不过是居所犄角旮旯里自由生长的花花草草罢了，可有可无。但在形影相随、恩爱有加的李煜夫妇眼里，一草一木、柳绿花红都是诗情画意的一部分，得去用心呵护。为此，这夫妻二人特意为府中的梅花牵开了漂漂亮亮、长长宽宽的"步障"，为了给梅花浇水，还曾不辞"乘月披星"之劳。

转眼间，冬去春来。先是微风细雨，草木复苏，继而雨横风狂，落英缤纷。

在这恼人的暮春时节，李煜总会想起往年这时候想方设法为他消愁解闷的娥皇，甚至入夜接连梦见娥皇乘风归来，同他倾诉生离死别后的无尽孤独，还有那些斩不断、理还乱的相思。

梦毕竟是梦，醒来后，李煜又痛感绿窗音断，痛恨好梦难以持久，伤心欲绝无法排遣时，索性提笔再吟思念娥皇之凄苦，写了首名为《采桑子》的词：

亭前春逐红英尽，舞态徘徊。细雨霏微，不放双眉时暂开。

　　绿窗冷静芳音断，香印成灰。可奈情怀，欲睡朦
胧入梦来。

　　漫无边际的思念如同眼前这绵绵细雨，席卷了万古情愁。
写完这首词，李煜凭栏远眺，见冷月当空，柳烟凄迷，又是一
阵伤悲，接着又即兴作了两首《感怀》：

　　　　又见桐花发旧枝，一楼烟雨暮凄凄。
　　　　凭阑惆怅人谁会？不觉潸然泪眼低。

　　　　层城无复见娇姿，佳节缠哀不自持。
　　　　空有当年旧烟月，芙蓉城上哭蛾眉。

　　这些得以流传下来的悼念爱子仲宣和爱妻娥皇的诗文，只
是很少很少的一部分，那些曾经写下来却没能保存并流传下来
的，不知道还有多少。

　　面对妻离子去的人间悲剧和残酷现实，愁苦满腹的李煜只
能借助这些诗文，排遣积压在心中的无限哀思和悲痛，进而寻
找情感上的寄托。

　　每每回想起与娥皇在一起相亲相爱的十年，李煜始终觉得
那是这辈子最美好、最幸福的时光。

　　一代才女和绝世佳人娥皇几乎用尽自己的青春，耗尽自己

的才情，凭借翩翩舞姿和动听的音律歌谣，极大丰富了李煜的身心和灵魂，激发了他许许多多的创作灵感，让他写下了大量流传后世的名篇佳作。

周娥皇的死，既是一个倾国倾城、才貌双全女子生命的终结，也是李煜人生命运走向颓废衰败的起点。

南唐"三千里地山河"，自此愈发风雨飘摇……

（二十五）太后去世　守孝三年

"斯人已逝，生者如斯。"

接连失去爱子、爱妻的李煜相比往日多了几分狂热后的冷静，很长一段时间都陷入苦思之中。女英离开宫里后，他不曾宠幸后宫里的其他嫔妃。

正可谓"屋漏偏逢连夜雨"，这时候的南唐，内忧外患情况更加严重。从即位之日起，李煜不是没想过要奋发图强，好好治理这个国家，做一个称职的好皇帝。可自元宗以来，南唐上上下下积攒的旧疾沉疴实在太多，根本无从下手。

走着走着，南唐就像一艘在历史长河中摇摇晃晃前行的船，浑身上下的窟窿越来越多，也越来越大，无论怎么修补都抵挡不住汹涌而至的风浪。

娥皇的死，给一时坠入爱河不能自拔的李煜和周女英足足泼了一盆凉水，让他们都觉得十分愧疚，毕竟他们俩之间的感情烈火是在娥皇重病期间偷偷燃起来的，即便彼此真心相爱，但终究有违伦理纲常。更何况，深陷重病的娥皇得知此事后备受打击，要不是精神上受到强烈刺激，想必也不会这么早就含泪离世。

周家人得到娥皇去世的消息，都感到万分悲痛，29岁是多好的年纪啊，还没好好享受天伦之乐，就英年早逝了。

周府上上下下但凡知道实情的，无不苛责起年纪尚小的周女英，怪她太不懂事，在进宫探视姐姐期间与姐夫有了私情，惹娥皇生气，最终酿成了大祸。

苛责归苛责，事情毕竟已经发生了，活着的人得继续坚持把日子过下去。周家人此时此刻更关心的是接下来圣尊后和李煜对女英的态度。

"普天之下，莫非王土"，论理，自古至今无论哪个皇帝看上一个女人、得到一个女人或抛弃一个女人，都无可厚非，整个天下都是皇帝的，一切还不都是皇帝说了算……

既然"生米已经煮成熟饭"，"有情人终成眷属"自然是最好的安排，这样一来，周女英今生今世也算有了依靠。若是被李煜抛弃，估计周女英只有出家这条活路了，因为即便有男子不计前嫌，但一想到这是当今南唐国主李煜的女人，试想谁还敢娶？

为了女儿的前程，思来想去，周宗先是以三朝元老的名义，给圣尊后写了一封亲笔信，言辞极为诚恳谦卑。一方面表示周家上下愿意世世代代效忠南唐，永不背叛，全力辅佐李氏家族打理南唐三千里江山；另一方面恳求圣尊后恩典，看在李煜和周女英真心相爱、皇子年幼也需要人照顾的分上，成全两人。

除了圣尊后这边，李煜这边到底是啥态度也很重要。

周宗详细询问过周女英，是不是真的爱上了姐夫，愿意不愿意继续和他在一起，得到周女英的明确答复后，又让周女英隔三岔五写信给李煜，重在表达相思和分别之苦。

事实上，圣尊后心里一直是有周女英的，小时候她就经常进宫来玩，来来回回就成了宫里的开心果，深得众人喜欢。收到周宗的亲笔信后，圣尊后也被周宗的诚意感动，娥皇去世，国后之位空缺时间不能太长，后宫不稳必会危及朝廷和江山社稷。作为母亲，圣尊后也正在为儿子及整个后宫思量新国后的合适人选。

"陛下，国后毕竟已经去世，你就不要一直处在悲伤中了，南唐三千里江山和数万子民还指望着你呢。后宫不能长时间没个主事的，对册立新的国后，你有什么想法？咱娘儿俩今天一起商量商量。"圣尊后差人叫来李煜，开门见山就问。

"母后，这事能不能搁些日子再说，如今娥皇和仲宣尸骨未寒，我哪有心思想这些……"李煜满脸愁苦的样子。

"那你和女英的事怎么办？你们俩是不是真心相爱？如果真心相爱得尽早给人家一个名分，如果不想要人家了，也得尽早给个说法。周家对我们李家是有恩的，周宗是三朝元老，南唐的确离不开他，你和朝廷也离不开他。"圣尊后说。

一提到女英，李煜心里就泛起了层层涟漪。

这些日子，娥皇和仲宣的死，让李煜悲伤不已、痛不欲生。自打女英离宫后，身边又一直没个称心如意可以说说心里话的人，尽管后宫嫔妃不少，也没少有红粉佳丽趁这间隙主动投怀送抱、献媚争宠，但真正懂李煜心思也让他真心喜欢的，却寥寥无几。

"母后，我爱娥皇，也爱女英，错就错在我和女英不该在娥皇病重期间太过亲密，伤到娥皇的心了……"李煜其实也想立女英为后，但不知道在这个时候提出来到底合适不合适。

"既然陛下和女英彼此相爱，那就行了，不用想太多，也不要觉得谁对不起谁。儿啊，你要记住你是这个国家的国主，全天下都是你的，何况一两个女人呢！你和娥皇恩爱，大家都知道，也看在眼里，自古以来哪个皇帝不是三宫六院七十二妃？娥皇当时是在气头上，我想她在临终前会想明白的，与其在她走后把你让给其他女人，还不如交给自己亲妹妹照顾呢！"圣尊后说。

"要是娥皇弥留之际心里真是这么想的，那就好了。经母后这么一说，孩儿心里也觉得轻松多了，立女英为后我没意见，一切按母后的意思办吧！"李煜说。

圣尊后和李煜商量完毕立后事宜，很快就差人给周宗送去消息：等娥皇的丧期结束，陛下便会正式迎娶女英，并会立她为后，过些日子宫里会来人接女英回宫，先安排她学习宫中的一些礼仪。

周家人得到这个消息，甚觉安慰，压在心底的那块石头终于落地了！

周女英听了更是高兴，心里头天天期盼着能早一点见到让她昼夜想念的李郎，早日成为他名正言顺的妻子。一想起在宫里与李煜一起时的那段时光，情窦初开的她既感到羞涩，又感到快乐跟满足。

"今生今世总算有了依靠了，我喜欢陛下，陛下也喜欢我，过些日子就能见到自己的夫君了，这是多么令人兴奋和激动的事啊！"周女英自言自语道。

果然没过多久，周女英就被人接进了宫，从头学起宫里的各种大大小小的规矩来，为当好国后做充分的准备。吃饭、穿衣、走路……一件一件都得学，来来回回，反反复复，对她来说，多少有些为难，因为要学的东西实在太多了，也甚为辛苦。

这之前，周女英曾经那么羡慕自己的姐姐娥皇，但如今当她真的可以像姐姐一样成为国后时，才发现这国后其实并不是那么好当，不仅要遵守各种礼仪，还要学会如何掌管后宫，如何替国主分忧。

辛苦归辛苦，想着自己不久后就要母仪天下，该过的关必须得过，也为了自己所爱和爱自己的人，周女英虽然年纪小却懂得这其中的道理，硬是咬紧牙关一天天坚持了下去，从不见她有什么抱怨。

除了抓紧学习各种宫中礼仪，进一步熟悉宫里的规矩外，周女英对圣尊后比之前更加孝顺贴心，每天事情再多也会抽出时间前去请安，嘘寒问暖，也因此进一步得到了圣尊后的认可。同时，她还悉心照料起姐姐娥皇的孩子仲寓，教他读书习字以及如何做人。

这些事情，众人都看在眼里。

女英在很多方面比起她的姐姐娥皇，确实有一定差距，但经过她自己的努力，进宫后的变化很大，不仅知书达理，而且勤劳友善，很多刚开始对她心存不满的人，最后都被她不辞辛苦地安慰李煜、孝顺圣尊后、教养皇子感动，在心里面已经默认她是南唐新一任国后的不错人选。

眼看着娥皇的丧期就要结束，李煜终于可以光明正大地迎娶周女英了。可偏偏就在这个时候，圣尊后突然身患重病去世了！

一下子失去三位至亲，给人喘气的时间都没有，如此晴天霹雳，让李煜有种"生不如死"的感觉，同时让他感到焦虑的是，按当时的礼制，得为母后守孝三年，他才能和周女英完婚！

圣尊后的丧事办完，三位至亲的尸骨皆已入土为安，最悲伤的日子总算告一段落。接连失去母亲、妻子、儿子的悲伤，加上还要苦等三年才能迎娶周女英的惆怅，李煜感觉自己实在是太不幸了！

一转眼，清明就结束了，春意更加盎然，多好的夜晚啊，李煜却长夜难眠。

周娥皇去世后，李煜一心盼着能早一些给女英一个名分，因为圣尊后的去世只能继续等待，他的内心因此被幸福和愧疚两种力量来回撕扯，拨不开，也剪不断。

明明就在眼前，周女英也早就以身相许，但因为礼教约束，在守丧期间两个人就是不能大大方方地在一起，这种滋味真的让李煜很难受。寂寞难耐时，李煜和周女英只能像之前那样偷偷地约会、暗地里缠绵。

由此，李煜还想到了民间广为流传的牛郎跟织女的爱情故事，感叹自己和女英如今跟牛郎和织女相比没啥区别：

> 迢迢牵牛星，杳在河之阳。
>
> 粲粲黄姑女，耿耿遥相望。

眼看着就能名正言顺地在一起了，可偏偏还要再等三年，真难熬啊！时间一天天从指间划过，在心中留下了无限憧憬，也带来了无尽的折磨。

在这三年里，李煜与周女英虽有夫妻之实，但毕竟名不正、言不顺，即便是国主，他对现实不满想要做出一些改变，也会受到许多条条框框的束缚……

第八卷

回天无力
烽火危城日暮西

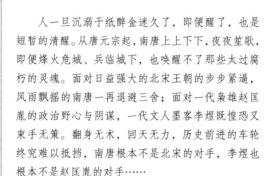

　　人一旦沉溺于纸醉金迷久了，即便醒了，也是短暂的清醒。从唐元宗起，南唐上上下下，夜夜笙歌，即便烽火危城、兵临城下，也唤醒不了那些太过腐朽的灵魂。面对日益强大的北宋王朝的步步紧逼，风雨飘摇的南唐一再退避三舍；面对一代枭雄赵匡胤的政治野心与阴谋，一代文人墨客李煜既惶恐又束手无策。翻身无术，回天无力，历史前进的车轮终究难以抵挡，南唐根本不是北宋的对手，李煜也根本不是赵匡胤的对手……

（二十六）迎娶女英 万人空巷

终于，李煜遵循礼制为亲生母亲守丧满三年。

南唐朝野上下，谁都知道国主李煜和周女英之间的地下情事，李煜守丧期刚满，迎娶并册封周女英为南唐第一夫人就被重新提上日程，不少懂得李煜心思也想借机拍拍马屁的文武大臣为此专门联名呈上折子，一致请求为了后宫安宁国主须早日立女英为后。这是李煜一直苦苦等待和酝酿中的大事，正合心意，当日早朝文武大臣一经上奏就得到应允。

公元 968 年，为迎娶周女英，李煜特地命掌管宗庙礼仪的太常查阅典籍，详考历代帝王大婚沿革，草拟婚礼程序，同时令中书令徐铉、知制诰潘佑等文武大臣也参与议定，还示意要将他跟周女英的这次大婚办得既风光又体面，给宫里冲冲喜。"这些年晦气实在太多，一路风雨交加，净遇到些悲欢离合之事，就借这次迎亲大典，给宫里和皇城百姓添添喜气吧。"

周娥皇死后，南唐的中宫之主长期缺位，六宫因无人统辖，一度陷入混乱之中。周女英虽然早被确定为国后人选，但因为年龄尚小，加上李煜为母守丧期间无法迎娶，入主中宫一事由此一耽搁就是三年。

"三年时间总算熬过去了，终于可以名正言顺做他的妻子，成为中宫的主人，再也不用偷偷摸摸……"即将被册封为国后的周女英感到欣慰之余，想起母亲教导自己的为后之道："要对六宫嫔妃们仁义宽厚，对宫女们也要和善温柔。"

对李煜来说，这是人生第二次大操大办自己的婚事，第一次是以皇子的身份在父母的见证下迎娶娥皇为王妃，这一次是以一国之主的身份迎娶女英为一国之后。自打跟周女英有了肌肤之亲后，这些年一直都没能给她正式的名分，李煜心里总觉得有些亏欠她，所以无论如何都要借助这场迟到的婚礼给足她风光。

国主如此重视这次迎亲大典，具体筹备和执行的人自然不敢有丝毫怠慢，一切都以皇家最高规格和最高标准来统筹设计。

虽然早就和李煜住在了一起，也算是"老夫老妻"，但为了符合古代结婚嫁娶各种礼节，周女英名义上应该是"待嫁"的姑娘，因此不得不暂时离开皇宫，回到周家在金陵城里的私宅小住，静静等待情郎李煜迎亲队伍的到来。

在古代中国，男女结婚有约定俗成的礼节，俗称"六礼"，包含纳采、问名、纳吉、纳征、请期、亲迎，每个环节都有严格的标准和要求，都需要不折不扣地执行，一旦某个环节失误或出了岔子，就会被认为这婚结得不吉利。

这一年，正式嫁给李煜为妻的周女英年满 19 岁，也许是机缘巧合，抑或是冥冥之中命运自有安排，周娥皇当初嫁给李煜时，也正好年满 19 岁。

迎亲这天一大早，金陵城内万人空巷，除了街道，两侧的店铺及阁楼上，到处都挤满了人，人们都想来看看热闹、顺便沾沾皇家的喜气。搁往日，但凡国主李煜出宫，沿街一律封禁，闲杂人等都得回避。可今天是他大喜的日子，禁令自然解除，南来北往的人谁都可以一览皇家迎亲时的盛况。

你瞧，那金碧辉煌的凤辇，浩浩荡荡的仪仗队，满载珠宝的嫁妆车流，真是让人目不暇接。

"这规格，加上这排场，比当年迎娶周娥皇还要讲究。一转眼，当年的六皇子李从嘉如今已是南唐国主了！"

"都说周娥皇是绝代佳人，她妹妹周女英，生得也是风姿绰约，难怪姐妹两人都深得国主恩宠，周宗这两个闺女天生就是大富大贵之人啊……"

李煜用了皇家最高规格的礼仪来迎娶周女英，这也是南唐自建国以来，第一次以一国之主的名义娶亲，自然不一般，前来看热闹的人们一边看热闹一边议论纷纷。人山人海中，周女英的凤辇格外引人瞩目，前有皇家护卫开道，后有彩衣宫女护拥，旌旗闪闪，鼓乐喧天，喜气洋洋。

再一次做起新郎官的李煜跟当年一样，骑着高头大马，胸戴大红花，在众人护拥下前来迎娶新娘。不一样的是，当年他是皇子，如今他是皇帝。在南唐，国主李煜的词作从他做皇子时候起就已家喻户晓，很多词还被谱成了曲，在官方和民间广为传唱。以前是"未见其人先闻其词"，如今能一睹才子国主的真容，着实让很多人激动不已。

李煜出生时就一目双瞳子，早就在南唐上下成为传奇。如今公开露面，自然吸引人们接踵而至。众人看到这不同寻常的一目双瞳子，惊叹不已，加上李煜作为才子，气质本就不凡，自然成为人们共同关注的焦点。

见到这么多前来看热闹的队伍，李煜触景生情，想起14年前迎娶娥皇时的场面，街道还是这条街道，依旧人山人海，新郎还是自己，只不过那时他是位意气风发的翩翩少年，如今的他历经沧桑走到了萎靡不振的中年。还有就是，今天的新娘换成了女英，14年前也是女英这个年纪的娥皇，已离世多年。

"娥皇，女英是你的亲妹妹，你放心，我一定会像待你一样用心待她。你若在天有灵，也请祝福我们吧……"李煜抬头仰望苍穹，想起娥皇多少有些愧疚。

坐在凤辇里的周女英本就年轻貌美，头戴凤冠，身着喜服，一经梳妆打扮，显得更加妩媚动人。"这下终于可以放心了！这几年来，自己和李煜一直都是偷偷摸摸地在一起，自己虽已出阁，但毕竟无名无分，有时候也觉得十分委屈。多少年都有苦难言，如今总算熬出头了，再也不用有什么精神负担。"周女英心想。

宫里的新洞房是周女英亲自选定的，也是她指点宫女们精心布置的。殿内陈设古色古香，玉鼎金炉，罗帷锦茵，式样考究。光摆放在什样景多宝架上的焚香器皿，就有数十具之多，宫女们事先配制了上好的香料，在李煜和周女英即将进洞房前一一点燃，随即屋内飘起袅袅轻烟，夹着馥郁的清香，沁人心脾。

婚礼既定仪式结束后，在典仪和贴身宫女引导下，李煜牵着头顶一方绣有龙飞凤舞图案红盖头的周女英，款款走进温馨华丽的洞房，按照既定的程序，坐床、挑盖头、饮交杯酒。接着是各宫内眷轮番贺喜，直到临近午夜方才一一告退，李煜和周女英这才喜偕花烛，享受独属于他们两个人的春宵之夜。

跟国主李煜完婚后，周女英再无心理负担，成为名正言顺的"小周后"，正式统摄六宫、母仪天下，整个人也更加温柔体贴。

为了想方设法为李煜消愁解忧，使他能忘却由繁杂国事带来的烦恼，小周后向工部下达懿旨，要求在她与李煜成婚前多次幽会的移风殿建造花房，内部设计剔透玲珑无比，开有无数奇形异状的筒，放置栽有名贵花卉的陶盆，外面套以越州"秘色窑"烧制的瓷盆。

这样还不够完美！

小周后又令人将这种名贵瓷器装点的盆花摆满花房，包括梁栋、柱、阶砌等处，放眼望去：青翠欲滴，缤纷艳丽，芳香袭人。李煜看到小周后这些"手笔"后赞不绝口。

不只这些，小周后还让人在后苑花丛中修建几处仅能容纳二人对坐的小巧花亭，顶盖、四柱和底座，均用雕刻精致的紫檀木制作，四面以销金红罗罩壁、白银钉玳瑁嵌压，又以绿钿刷隔眼。

每当李煜为各种繁杂的国事感到心烦意乱时，小周后便陪着他走进这弥漫着花香与酒香的秘密小巧花亭里。在这没人打扰又很隐蔽的露天小世界里，就像晚上在寝宫里一样，夫妻二人纵情声色，毫无顾忌，放浪形骸起来，完全没有了皇帝和皇后的威仪。醒则举杯畅饮，醉则交臂酣睡，天下一切恼人的事，都被正在享受儿女情长的他们抛掷九霄云外了。

　　南唐朝政和天下大事，统统被李煜搁置，南唐也因此日渐衰危。但同时期的北宋却完全相反，在赵匡胤的励精图治下不断攻城略地，国力一天比一天强盛……

（二十七）风花雪月 礼佛成癖

烟雨江南，美女如云，才貌双全者，数不胜数。

在南唐后宫嫔妃及宫娥中，若论起姿色和才艺，比小周后强或强很多的，大有人在。但为何国主李煜继专宠娥皇之后，又专宠起年纪尚小的小周后呢？后宫里的很多嫔妃和宫娥，天天都在琢磨这其中的道道。

思来想去，不少嫔妃和宫娥们都认为：李煜天生就是一个风流情种，只要你肯主动献媚，一定会得到他的宠幸，小周后就是活生生的例子，倘若不是她主动勾引国主，怎么可能会有今天这般地位。

因此，在李煜迎娶小周后不久，南唐后宫粉黛之间又掀起一股苦心钻营、争宠邀幸的风气来。

宫娥黄氏，本是将门之女，其父曾在楚国军中任职，是一员勇于拼杀的战将，在与南唐军交战中不幸丧生。年幼的她后来被南唐大将收留，因其容貌秀美，被带回金陵后献给了后宫。在宫中逐渐长大的黄氏，姿色出众，顾盼鬋笑，无不妍姣。李煜继位后爱其貌美，封她为"保仪"。

即便是"保仪"，也依旧没地位。由于大小周后先后专房擅宠，使黄氏根本没机会亲近李煜，但她深知李煜擅长书画、热衷收藏，于是潜心临摹起历代碑帖来，希望通过书法有共同语言并得到李煜的青睐。后来黄氏果真因为书法艺术超群受到李煜的赏识和器重，还被李煜委以重任，专门典守宫中价值连城的图籍墨帖。这样一来，不仅赢得了接近李煜的机会，还通过书法增进了跟李煜之间的感情，得到了她想得到的。

另有宫娥薛氏，也为了博得李煜的欢心，专门演练李煜依曲填词的《秮康曲》。她唱得字正腔圆、悦耳动听不说，还声情并茂、极其摄人魂魄。后来她又锦上添花，创编成《秮康曲舞》，一经面世就轰动了整个金陵，由此博得李煜的垂怜，即便后来南唐亡国，她对李煜仍然一往情深。

除了这些善于钻营的宫娥，跟大周后比起来，小周后在贪图享乐方面有过之而无不及，可谓花样百出。为了让李煜高兴、讨他喜欢，小周后几乎每天都在琢磨新的玩法，一些让人眼前一亮的创意受到李煜的赞赏，这进一步给了她信心，让她很有成就感。

李煜呢，虽身为一国之主，但因长期沉溺于花前月下，早就对国家政事及天下大事充耳不闻，整日浪迹女宠、蜷缩在诗酒风月中自我麻醉，压根儿没有"生于忧患，死于安乐"的意识，更没有北宋赵匡胤那般励精图治的气魄……

就在李煜和小周后沉浸在风花雪月中忘乎所以时，北宋却在马不停蹄地扩张，赵匡胤的野心越来越大。事实上，自李煜继位那年起，赵匡胤就开始有条不紊地实施了一统天下的计划，针对江南大地，刚灭完后蜀又从战略角度拿下了荆南，将长江中游一带的军事要地统统拿捏在了自己手里，也借此彻底打碎了南唐、后蜀、荆南三国结盟的幻想。

后蜀、荆南相继被灭后，赵匡胤的铁骑根本没有停下来的意思，进一步举兵南下，直逼南汉的心脏——兴王府（今广州）。对这些很多人都很关注的时局变化，整日混在女人堆里或不停地写诗填词的李煜无动于衷，他单纯地以为只要南唐臣服北宋并勤于进奉，赵匡胤就不会像灭荆南、后蜀、南汉那样来灭南唐。

国家千疮百孔，内忧外患愈发严重，在李煜眼里这些政事都是沉重的负担，对内他既没有采取有效措施好好治理国家，对外他也没有扩充军队为保家卫国做好准备。除了风花雪月、贪图享受，李煜还越发虔诚信佛，将一切希望都寄托在了佛祖身上，希望大慈大悲的佛祖能保佑南唐，让江山社稷世代平安。

一国之主如此信佛，自然会影响到南唐上上下下，无论文武百官还是黎民百姓，纷纷效仿，佛教很快在南唐大地兴盛起来。在偌大的皇宫里，甚至有宫女抓住国主信佛如迷这一点做起文章，借此想方设法寻求被宠幸的机会。

有一个宫娥乔氏，性格虽有些内向，但举止沉稳，雅静中透着机敏，斯文中寓于灵气。为了有朝一日能得到李煜的垂青，她表面上不露声色，暗地里却想方设法以其所长迎合礼佛成癖的李煜。她终年闭门伏案，缮写佛经，每抄完一卷，就精心装裱成册，呈李煜御览。

果然，李煜被乔氏一心向佛的虔诚所感动，亲手书写金字《心经》一卷回赠，乔氏视为至宝，悉心珍藏。有时候李煜心中烦闷时，也常召乔氏一起谈论禅理，论及真谛竟能物我皆忘，同入空幻之境，寻求彼此在精神和情感上的寄托。

后来南唐亡国，李煜被俘入宋，乔氏也被带往汴梁。她还能像爱惜身家性命一样，把李煜恩赐的那卷手抄佛经时刻带在身边。直到李煜死后，她才恋恋不舍地捐赠给相国寺。为了寄托她对李煜的怀念之情，还用工整、娟秀的楷书在卷末题跋："故李氏国主宫人乔氏，伏遇国主百日，谨舍昔时赐妾所书一卷在相国寺西塔院。伏愿弥勒尊前，持一花而见佛。"

顺利拿下南汉后，赵匡胤就开始思考如何灭掉南唐了。

李煜礼佛成癖，无非是在有意逃避现实的纷纷扰扰，企图在另外一个世界寻求一份安宁罢了，而这恰恰给了北宋灭掉南唐的机会。

俗话说，知己知彼，百战不殆。为了详细了解南唐的地形地貌、民情军情，得派一批可靠的人前去摸清楚各方面底细。得知李煜礼佛成癖，北宋王朝投其所好，派出得力干将伪装成僧人，悄悄深入南唐进行实地考察。

在北宋派驻南唐刺探情报的众多奸细中，有一个叫江正的年轻人，到了南唐后选择到跟皇家关系最密切的清凉寺"出家"，表面上假装跟着住持一心一意修行佛法，实则想利用住持常被李煜请进宫讲经的便利接近南唐权力中心。

没过多久，清凉寺住持圆寂，擅长搞人际关系的江正在众僧的推举下，成为该寺新任住持。由此他经常被请进宫里给皇室讲经论道，逐渐对南唐皇宫各方面情况了如指掌。

为了分散李煜对国家大事的注意力，江正充分借助每一次进宫讲经的机会，不停地给李煜讲述佛家因果循环、转世轮回等思想，让他充分相信佛的力量，越来越沉迷于佛教。

为弘扬佛法、积德行善，在江正的鼓动下，李煜全然不顾国库空虚的实际，在皇宫内外大兴土木，兴建了诸多佛寺禅房，很快让"南朝四百八十寺，多少楼台烟雨中"之胜景在南唐重现。

作为南唐国主，为江山社稷操劳是义不容辞的责任，不管李煜愿不愿意，那份沉甸甸的责任始终摆在那里，令他长期因各种各样繁杂的国事倍感烦恼。后来，他把这些都告诉了他尊重的佛学大师江正，经过江正的一番用心"劝诫"，最终李煜一切释然，越来越不关心政治。

江正的险恶用心不言自明，就是想借助大力推广佛教加快消耗南唐上下的财力物力，涣散人心并腐蚀所有人的斗志。可李煜因礼佛成痴，从来都不曾怀疑过江正，根本不知道眼前这个一直要自己"慈悲为怀"的人原来是北宋派来渗透南唐的奸细，暗地里一直在酝酿如何帮助北宋灭掉南唐的阴谋。

礼佛时间久了，受江正"蛊惑"多了，李煜信佛简直到了走火入魔的程度。

无论朝廷上的大事，还是生活中的小事，李煜都会跟佛联系起来，文武百官和南唐百姓受他影响，也都盲目跟风信起佛教来。

"举世皆浊我独清，众人皆醉我独醒。"

南唐文武百官中终究还是有一些人头脑是清醒的，他们看到了国主及朝廷上下礼佛成癖、盲目迷信、劳民伤财问题的严重性，曾为此多次冒死进谏，但无济于事不说，还频频遭到李煜的严厉训斥！

（二十八）全面贬损 作茧自缚

时间过得真快，转眼间，李煜已经35岁了。

自25岁那年临危受命登基至今，李煜已做了整整十年的南唐皇帝。

这十年，南唐内忧外患，沉疴倍增，回天无力不说，北宋还一直虎视眈眈，李煜没有哪一天能高枕无忧。

眼看着南唐周边的兄弟国家一个接一个被北宋灭掉，李煜就算再怎么沉溺于儿女情长和风花雪月，也摆脱不了由"唇亡齿寒"带来的恐惧感，北宋对外扩张动作越多，这种恐惧就越强烈。

灭掉南汉后，赵匡胤为了吓唬吓唬李煜，迫使其主动归顺投降，以达到兵不血刃直接接管南唐的目的，就略施小计，发起了一场专门针对南唐的小规模战争。

此时此刻的南唐，国力衰微，人心涣散，三军士气低落，哪经得起北宋精兵强将们的征伐？

果然，不费吹灰之力，南唐前来迎敌的军队就被北宋铁骑打得落花流水。

李煜见状，害怕北宋大兵压境，赶紧上书求和。为了表示自己的诚意，还特地派遣亲弟弟李从善带着大量金银珠宝和数十江南美女前往汴梁朝贺。临行前，李煜专门设宴为李从善送别。

除了在经济物质上大批进贡并竭力讨好外，在政治上李煜又进一步主动降格，彻底奉行藩臣的一切礼仪。唐元宗李璟当初臣服后周，仅仅是削去帝号，自称"南唐国主"，对所辖臣民还是照行天子礼仪。

如今李煜为了苟且偷生，干脆直接向北宋朝廷打报告取消了南唐国名，并主动开始全面贬损：改"南唐国主"为"江南国主"，改"南唐国印"为"江南国印"，从此以"江南"代称"南唐"。

远不只这些，李煜随即将掌管中枢政务的"三省"分别更名：改决策机构中书省为左内史府，改审议机构门下省为右内史府，改执行机构尚书省为司马府。之后，李煜又将监察部门御史台改为司宪府，文秘部门翰林院改为艺文院，军务部门枢密院改为光政院，司法部门大理寺改为详刑院……

总之，凡与北宋同名的国家机构都要更换名称并依次自降一级。李煜当初登基时封王的李氏子弟，也一律被降格为国公。如韩王从善改称南楚国公，邓王从镒改称江国公……

同样的，李煜本人也自贬一等。他下书不再称"诏"而称"教"，每逢会见北宋来使，要脱去天子独享的黄袍，换上臣下的着装紫袍，还要事先拆除皇家宫殿屋脊上象征消灾祛祸的飞鱼形尾部上翘的"鸱吻"。

赵匡胤看到李煜做了这么多贬损南唐和他自己的事情，件件都对北宋的统治有利，心里面自然乐开了花，但并没有就此罢休，他吞并南唐的野心始终未曾改变。

让李煜万万没想到的是，他的这番自我贬损和步步退让并没有换来多少宽恕，反倒使他作茧自缚，从此陷入了怎么努力也无法解脱的被侮辱、被捉弄、被压迫的境地。

自打李煜派亲弟弟李从善去汴梁朝贺后，就一直没见弟弟回来，为此他多次亲笔上书赵匡胤，请求北宋朝廷放弟弟李从善回南唐，但始终未得到应允，最后才得知李从善早被北宋扣留，做了人质。

冬去春来，四季轮回。李煜历经多事之秋后熬过了一个严冬，接着又在愁肠百结中跨入了一个黯淡的阳春，弟弟李从善依旧被当作人质扣留在汴梁。

从善一家为这事跟李煜闹翻了脸，怪他心狠，把自己的亲弟弟送进了虎口，也因为这件事，两家人之间怨气重重。

如果南唐也有吕不韦一样杰出的谋士，能帮助在赵国做人质的子楚归秦，或许能依靠计谋救回李从善；如果李煜手下也有赵子龙一样的猛将，能从曹营百万雄兵中七进七出救阿斗，或许可以依靠武力救回李从善。

可如今，南唐上下既无"吕不韦"，也无"赵子龙"，在救弟弟李从善问题上，要计谋没计谋，要猛将没猛将，谁都帮不了李煜。

临别前的送行宴上，阴差阳错竟成了李煜跟弟弟李从善在江南最后的相聚。面对北宋王朝的步步紧逼，李煜敢怒但不敢言。李从善被扣留当了人质回国遥遥无期一事，在南唐上上下下引起不小的震动，不少人都因为此事隐约感觉到了南唐将要亡国的气息，恐慌日益剧增。

可李煜呢，仍心存侥幸，依旧缺乏重拾山河的雄心壮志。面对国将不国的南唐，他既感到无可奈何又全然不知所措，只有继续借纸醉金迷来麻痹自己，逃避纷乱如麻的现实。

时隔不久，又有消息从汴梁传到金陵，绘声绘色地说什么李从善如何被赵匡胤赏赐的艳姬所迷，终日沉溺于酒池肉林，根本不想再回金陵。虽然李煜心中有数，知道李从善不是那种薄情寡义、数典忘祖之人，但从善的妃子却坚信不疑。

为此，从善的妃子三天两头闯宫向李煜哭诉其日夜独守空闺的凄苦，埋怨李煜千不该万不该派从善出使汴梁，使他身陷虎口。为此，李煜在给弟弟李从善的书信中借一首名为《阮郎归》的词诉说了自己的无奈，同时也请求弟弟谅解：

> 东风吹水日衔山，春来长是闲。
> 落花狼藉酒阑珊，笙歌醉梦间。
> 春睡觉，晚妆残，凭谁整翠鬟。
> 留连光景惜朱颜，黄昏独倚阑。

东风吹动春水，远山连接着落日，春天来了长期都很无聊。落花一片狼藉，酒兴也逐渐衰减，吹笙唱歌整日就像醉中梦里一般。春睡醒来，我明明知道晚妆已零乱不整，但哪里还会去整理梳妆？时光易逝，朱颜易老而无人欣赏，黄昏时候，我只能独自倚靠着栏杆，在江南苦苦等待弟弟你的归来……

李从善终究是回不来了，这一点李煜在多次上书请求赵匡胤放人不起作用后早已心知肚明，也因此在日常思念弟弟时，徒增了几分酸楚和无奈。兄弟情、家国恨，无从化解，也无处寄托。

一日，李煜在案牍劳形之余，深感疲惫，于是来到阶前庭院踱步，当走到一株梅树下时，停了下来。

此时节令已届春半，正值落花缤纷时节。尽管天气十分晴朗，无风无雨，但眼前这株梅树枝头上怒放的梅花却像冬日纷纷扬扬的鹅毛大雪，无声无息、自由自在地飘落。李煜在树下驻足没多久，花瓣就落满了全身。

望着这拂不尽的落花，李煜触景生情，想起往年春日与弟弟李从善一家踏青赏花的情景。这时天空又传来一阵雁鸣，李煜抬头仰望，只见一队大雁正排着"人"字形队列向北飞翔。俯视地面，他又仿佛觉得，每一棵春草都是自己的一缕情思，那伸向天涯海角的离离春草，就是自己无法排遣的离愁别恨。

纷乱的思绪让李煜内心深处久久不得安宁，独自在树下徘徊片刻后，一首新词《清平乐》完完整整地浮现在他的脑海：

别来春半，触目愁肠断。砌下落梅如雪乱，拂了一身还满。

雁来音讯无凭，路遥归梦难成。离恨恰似春草，更行更远更生。

春意浓浓、春光明媚之时，人人都笑逐颜开，敞胸纳喜，唯有我李煜因思念被当作人质扣留在汴梁多年的弟弟而柔肠寸断。

弟弟啊，你看那台阶上怒放的白梅，多么像雪，花瓣随风纷纷扬扬飘落下来，杂乱地堆在一起，轻轻拂去，却又落满了一身，就像我心中这驱不散也挥不走的离愁，绵绵不绝。

眼看着大雁来了，信却不来；转眼间大雁去了，人却不归。路途漫漫，归路长兮，离愁别恨就好比越行越远的春草，既细碎浓密又无边无际……

（二十九）烽火危城　两面受敌

地处江南腹地的南唐，物产丰盛，美女如云，北宋注定不会放过这块肥肉。李煜呢，虽说性格上过于软弱无能，但心里知道这南唐三千里江山是李家一手打下来的，对北宋俯首称臣可以，但绝不能将国家白白拱手相送。

宋太祖赵匡胤闲暇之时读了李煜在李从善被扣为人质后所作的词，看出了他们兄弟情深，于是心生一计，想方设法离间两人间的关系。

对被扣留当作人质的李从善，赵匡胤委任以虚职封了官，好生招待安排，不仅有专门的府邸，还有很多美女日夜相伴，让他在汴梁也过起在南唐时夜夜笙歌的生活，整日饮酒作乐，直至乐不思蜀。

可不是白吃白住白玩，宋太祖赵匡胤不停地威逼利诱李从善亲自写信给李煜，以亲弟弟的名义奉劝李煜早日归降北宋、入朝称臣，这样即便南唐没了，也能保一家人的性命安全无忧。

为使李煜及其妃嫔归降后，能跟李从善一样乐不思蜀，赵匡胤诏令工部先在熏风门外皇城南、汴水滨大兴土木，营建一幢俨若皇家宫苑的花园式府第，赐名"礼贤宅"。他又特殊关照经办官员，"礼贤宅"相当于李煜在金陵的宫室，外观既要精美考究，又要雄伟庄严，建筑样式必须充分体现江南园林特色。

尤其是后苑，要凿池堆山，修渠引水，筑造亭台水榭，移植奇花异石，再现南国山色空蒙、波光潋滟、小桥流水、曲径回廊之景观，要让李煜住在这里后，喜欢上这里的一切，进而彻底忘却南唐故国。

"礼贤宅"竣工后，赵匡胤又一次命令李从善连续修书，规劝李煜尽早纳土入朝。李煜虽说怯懦庸弱，但对"入朝"事宜，始终存有戒心。任赵匡胤怎么催促使计劝降，他就是坚持拖延或以各种理由"不入朝"。

李从善按照赵匡胤的意思写的劝降信有好几封了，一直没有收到李煜及南唐朝廷的任何回音，这让赵匡胤感觉有些意外。他万万没想到，李煜一介文弱书生，也有强硬的时候，任凭他怎么施加压力，李煜就是不肯入朝称臣拜贺。

做梦都想一统天下的赵匡胤等不及了，如果"以礼相待"不成，那就等着兵戎相见吧！

公元974年，希望李煜能像吴越王那样主动纳土归降的赵匡胤，遣使两下江南，以"礼"相邀，敦促李煜尽早前往汴梁朝贺。

第一次，赵匡胤派门使梁迥口传圣谕："天子今冬行柴燎礼，国主宜往助祭。"所谓"助祭"，就是要李煜以降王的身份亲赴汴梁，陪同北宋天子去南郊参加当朝祭天大典。事实上，赵匡胤的真正目的是想借此机会控制李煜使其滞留京师，并让他对天盟誓，对北宋朝廷和他赵匡胤永远称臣、永不背叛。

梁迥动身之前，为了确保万无一失，又与随从一起谋划了调虎离山之计：假如李煜婉言谢绝，"邀请"其北上面圣不顺利，便乘李煜到渡口登船送行之机，强制挟持他一起北渡，绑也要给绑到汴梁去。幸亏南唐方面的密探得到了这个消息，南唐朝廷为此事先制订了防范措施，这才没让梁迥的阴谋得逞。

第二次，赵匡胤派知制诰李穆为国信使，再次赶赴金陵，特邀李煜"同阅"祭天牺牲。这次会晤，是安排在专门接见各国使臣的清辉殿进行的。李煜同第一次一样，依旧谎称自己"抱病未愈"，反复强调因为身体原因，短时间内实在难以从命，北上面圣之事暂缓。

对大宋派来南唐劝降的信使，李煜虽然有些诚惶诚恐，但始终坚持以礼相待，言语等各方面也不大敢得罪。而李穆呢，到了南唐却老以天朝使者自居，一开始就显得傲慢无礼、目中无人，摆出一副不可一世、不容侵犯的样子。他先是郑重宣读大宋皇帝赵匡胤的诏令："朕将以仲冬有事圜丘，思与卿同阅牺牲。卿当着即启程，毋负朕意。"

诏令宣读完毕，见李煜既不表态也不多言，李穆又气又恼，直截了当训斥起李煜："李国主，我劝你好好看清楚眼前这形势，自古以来，识时务者为俊杰。依本使之见，入朝面圣，势在必行，只是时间早晚而已。既然如此，宜早而不宜迟。不然，我朝天子一旦发怒，顷刻间挥师渡江。到那时，国主将悔之晚矣！"

李穆这般冒犯无礼和盛气凌人，南唐文武百官谁都看不下去，一时引起公愤！

李煜也早已怒火中烧，却始终不敢大发雷霆，最后忍无可忍，这才针锋相对作答："李信使，你要清楚你这是在南唐，不是在北宋！这些年我南唐对北宋称臣纳贡，唯命是从，无非是要保住仅有的半壁江山和我李家的社稷宗庙。倘若北宋朝廷连这一点都不能容忍，还要再得寸进尺、苦苦相逼，那我南唐上下就只有铤而走险，横下心来和北宋死拼到底了！"

居高临下、优越感十足的李穆，听完李煜的这番话同样很不高兴，他再次严重警告李煜说："国主入朝与否，理当自裁，本使不便多言。不过，我北宋朝廷兵甲精锐，物力雄富，南征北战，所向披靡，迄今尚无一国能挡其锋芒。眼下，我朝天子正命用兵有方的曹彬挂帅南征，且已在江北精心布阵，战事大有一触即发之势，但愿国主明智，切莫以卵击石，还是权衡轻重，及早入朝为好。"

李煜实在不想跟这信使啰唆下去了，强压心中的怒火，一直在竭力控制自己的情绪，他依旧用平和的语气坚定地回敬道："烦请尊使转奏圣上，臣年来体弱多恙，不禁风寒，眼下更难于长途跋涉，实在无力入朝。"

都在坚持自己的立场，看样子双方是不可能继续心平气和地谈下去了，李穆当即回船，解缆起航，快马加鞭赶回汴梁复命。赵匡胤听罢李穆面奏这次出使南唐的始末，十分恼火，当即下诏即刻出兵攻打南唐，并告知三军将士一定要生擒自视清高、不识时务的南唐后主李煜，把他亲自押到汴梁来俯首称臣！

李煜也是被逼无路，开弓没有回头箭，既然谈不拢，跟大宋王朝闹掰了，就不得不早做准备，积极筹集粮草、整军待发。为此，他还专门就时局形势、江山社稷安危与臣下发誓："他日王师见讨，孤当躬擐戎服，亲督士卒，背城一战，以存社稷。如其不获，乃聚宝自焚，终不作他国之鬼。"

此话也被派来监视南唐一举一动的奸细传到了汴梁，北宋皇帝赵匡胤听罢，十分轻蔑地笑了笑，丝毫不担心李煜会怎么样。"他李煜如果要真有这番骨气，还用等到今天才怒发冲冠吗？徒有其口，必无其志。渠能如是，孙皓、叔宝不为降虏矣！"

一连串的阴谋诡计、软硬兼施、苦苦相逼之下，赵匡胤让生性赢弱的李煜山穷水尽、无计可施，日日夜夜生活在恐惧之中。

幸好，李煜身边有小周后陪伴，暂时还能一起寄情声色，在灯红酒绿中苟且偷安。利用皇家府库里堆金积玉的财富，李煜夫妇两人肆无忌惮地挥霍、想方设法享乐。

各种压力让李煜诚惶诚恐，他越来越感到，似乎有一个相貌狰狞的恶魔，时刻都在瞋目挥剑追着赶着向他袭来，最后把他驱赶到了身首异处、群鸦啄尸的荒冢之中，让他成了孤魂野鬼。

也因此，在新词作《青玉案》中，李煜曾这样表达自己的处境和心境：

梵宫百尺同云护，渐白满苍苔路。破腊梅花早露。
银涛无际，玉山万里，寒罩江南树。

　　鸦啼影乱天将暮，海月纤痕映烟雾。修竹低垂孤
鹤舞。杨花风弄，鹅毛天剪，总是诗人误。

　　为了摆脱王朝末日这种"鸦啼影乱天将暮"的恐惧与烦恼，
李煜只好遁逃醉乡，借酒浇愁。他靠"杯中物"来消磨时光，
特别是在烛残漏断、万籁俱寂的漫漫长夜，更是喝得烂醉如泥，
最后自己都认不出自己是谁了。

　　公元974年农历九月，运筹帷幄、蓄谋已久的赵匡胤，宣
谕由宣徽南院使曹彬任升州西南路行营马步军战櫂都部署，挂
帅领兵出征讨伐南唐。

　　经过周密考虑，综合各方面实际，赵匡胤为这次南征制订
的进兵方略是：以颍州团练使曹翰为开路先锋，率精锐水军和
骑兵自江陵出发，以迅雷不及掩耳之势快速突破，重创并震慑
南唐沿江守军。

　　按照既定的战略部署，北宋主力兵分两路进发：一路由曹
彬亲自指挥，由侍卫马军都虞候李汉琼、贺州刺史田钦祚率部
分舟师和步骑，紧跟先锋自蕲州入长江顺流东下；另一路由山
南东道节度使潘美任指挥，由侍卫步军都虞候刘遇、东上门使
梁迥率步骑舟师，乘战船从汴梁水东门启程，沿汴水入长江，
然后两路兵马会师池州再攻采石，从西向东进逼金陵。

　　这些部署貌似还不够，为了能尽快拿下南唐，赵匡胤还亲

授吴越王为东南面行营招抚制置使，并以内客省使丁德裕为监军，率师沿太湖自东向西进攻，与曹彬、潘美紧密配合，进而对整个金陵古城形成两面夹击之势……

第九卷

国破家亡
仓皇辞庙诉离觞

北宋和南唐之间注定必有一战，只是时间早晚。北宋大军势如破竹，打得南唐守军节节败退。长期以来，李煜掌舵下的南唐一直靠频繁向北宋献殷勤、不断进贡金银珠宝和香车美女换取苟且偷安的日子，随着两国宣战，一切过往皆成云烟。加上叛徒通敌卖国，北宋的铁骑只花了很短的时间，就越过了所谓的"长江天险"屏障，踏破南唐三千里山河。家国覆灭，李煜仓皇辞庙，在一首接一首的词作中诉说着人生的悲凉和痛彻心扉的离殇……

（三十）叛徒卖国 生死攸关

南唐明知北宋迟早要举兵渡江南下，却不抓紧时间采取得力措施积极防御。不管是李煜还是文武百官，都过分迷信"长江天堑"的屏障作用，同时又抱着侥幸心理，一而再再而三地向北宋纳贡求和。

听闻北宋朝廷已经发兵进军南唐后，李煜一边派胞弟江国公从镒入宋都汴梁进贡，乞求赵匡胤收回成命、别动干戈；一边跟往常一样贪恋酒色，尽情享受着歌舞升平世界里的纸醉金迷。

北宋却完全相反，朝廷上下一致同意出兵攻打南唐，三军将士激情高涨，抱着"敢于胜利"的决心投入行军及战斗。曹彬统率的兵马自蕲州乘船驶入长江后，鼓棹扬帆，快速前进，绕过江州，直扑池州。池州守将戈彦见势不妙，连打都没打，就弃城逃走。由此一来，宋军兵不血刃，就轻而易举地拿下了池州城。

相比北宋军队的来势凶猛、志在必得，南唐守军的抵抗节节败退，身在前线的将士大多跟戈彦一样，要么做了逃兵，要么做了叛军，要么有勇无谋，很快将南唐的诸多大好河山拱手让给了北宋。

不费吹灰之力就占领池州后，久经沙场的曹彬深知兵贵神速，传令水陆各军人不解甲，马不卸鞍，一鼓作气，继续东进。没出一月，北宋军队便势如破竹，连克铜陵、芜湖和当涂，最后屯兵采石矶（今属安徽省马鞍山市），等待渡江时机。

在此之前，赵匡胤已令八作使郝守带领大批丁勇工匠，乘船押运数百艘黄黑龙船，以及满载棕缆、竹索、铁链等连接、固定船只材料和木板的大舰，直驶石牌口（今安徽怀宁）试造浮桥。

待浮桥造成，彪悍勇猛的曹彬已攻下了采石矶，随后会同熟知当地水文地理的新任池州知州樊若水，协助郝守运载造桥材料，由石牌口经皖河至安庆入长江，准备到采石矶搭建浮桥。

时值长江枯水季节，浪平滩浅，工匠们抓住这一有利因素，快马加鞭，能赶尽赶，只花了两三天时间，就将数百艘大船牢牢地连接在了一起，并在船上铺上宽厚的木板，硬是在"一风微吹万舟阻"的浩瀚江面上，架起一条衔接长江两岸的通途，也由此创造出了中国古代军事史上架设浮桥的奇迹。

南唐上下自以为是的"长江天堑"也因有这浮桥的助力，很快被宋军攻破！

说起这浮桥的创意，则绕不开新任池州知州樊若水，这是一个地地道道的通敌卖国贼。

本是南唐池州人的樊若水，祖父曾在南吴当过金坛县令，父亲也在南唐李璟朝先后任过汉阳和石台两地的县令。此人自幼聪明好学，恃才傲物，总想着扬名立万、光宗耀祖，可偏偏在科举考试中频繁遭遇挫折，屡试不中。

眼看着自己通过科举进入仕途无望，樊若水无奈之下另辟蹊径。他向南唐朝廷上书，提出了一些治国理政的建议，并奉上了自己的几首得意诗作，意图引起李煜的重视。

其中一首开头就抄了王维《使至塞上》一诗中的名句"大漠孤烟直，长河落日圆"，将其凑成一句"大漠孤烟落日圆"。这在"千古词帝"李煜面前自然无法蒙混过关，结果不仅上书得不到理会，还成了京城无人不知的笑谈。

在南唐遭遇冷嘲热讽、屡屡碰壁后，樊若水产生了投靠北宋的念头。可凭什么才能取得赵匡胤的信任呢？

左思右想了很长一段时间，最后樊若水认为北宋立国已经十年之久，也先后消灭了荆南、后蜀、南汉等国，之所以对南唐迟迟不下手，主要还是因为长江天堑的确难以逾越，如果自己能帮赵匡胤解决这个问题，自然会得到重用。

北方缺水，北宋军队天生缺少在大江大河上作战的经验，在渡江作战方面自然不是南唐水军的对手。为此，樊若水突发奇想，如果用竹筏和船只连接起来，架起一座浮桥，北宋大军就不用乘船渡江，直接通过浮桥便可以到达江南。

说干就干，樊若水通过各种狡诈手段，最终如愿获取了采石矶江面有关的水文地理资料，又神不知鬼不觉地建造好了佛塔，将来可以充当浮桥的缆索固定柱。随后便不辞而别，偷偷跑到北宋都城汴梁，献上"江南可取，请造浮梁以济师"之策，并且呈上他亲手绘制的《横江图说》。

决定进军南唐，靠武力解决问题的宋太祖赵匡胤，此时此刻恰恰正在为宋军渡江的事而苦恼呢，一时半会儿实在想不出好办法来。

就在这时，看到樊若水的方案和手绘图后，赵匡胤龙颜大悦，欣然采纳了他谋取江南的计策，还赐给他一个新名字：樊知古，并批准他参加宋朝的学士院考试，赐予本科进士及第，后来又让他担任舒州军事推官之职。

得到北宋朝廷如此优待，樊若水受宠若惊，自然更加竭力效犬马之劳。他先是为宋军当向导，攻打他的家乡池州。接着出谋划策，帮助宋军击败前来截击的南唐守军。然后就是造浮桥，之前樊若水在上游参加了建造采石矶浮桥的准备，如今他又来到采石矶现场指挥完成最后的搭建。

当时正是长江枯水季节，采石矶一带江面风平浪静，浮桥"三日而成，不差尺寸"。在长江对岸集结待命的北宋步骑大军做好了随时过江的各项准备，一旦得到行军命令过了这采石矶，就能迅速进逼南唐都城金陵……

自从北宋发兵南唐后，战争的血腥味和诡异的风云就在南唐上空不停地翻滚，压得很多人都喘不过气来。

这年的冬季，比以往任何一个冬季都要寒冷。对南唐的百姓而言，很多人从此以后恐怕再也不会有好日子过了。

李煜这时心里倍感焦急，却又不知所措，原本一直想躲开的，终究还是躲不开。眼看着南唐军队在战场上节节败退，一座接一座城池接连失守，全国上下都弥漫着即将亡国的愁雾，作为南唐掌舵者的李煜，心里自然是一片恐慌。

"难道我真的要做亡国之君？"

"难道南唐的气数真的已尽？"

不停反问自己后，李煜不敢想象如果真做了亡国之君后，自己和南唐三千里山河会变成什么样子，南唐的百姓们会过什么样的日子……

刚开始，南唐朝廷听闻北宋军队在采石矶一带搭建浮桥，准备渡江，不少文武百官不以为然，包括李煜在内，都认为这是不可能实现的，他们始终对"长江天堑"充满无比自信。

"臣自幼苦读史书，但有史记载以来，还未闻造浮桥以渡大江之说，宋军实乃异想天开！"一位大臣说完，李煜也漫不经心地附和："朕也以为这纯属儿戏。"

就是这份所谓的自信和虚妄，最后让南唐栽了跟头。不过，对于樊若水这样的叛徒，大家都很痛恨。文武百官中有很多人建议李煜派人去抓了他尚在南唐境内居住的父母，一家上下统统以叛国罪处死。

可北宋皇帝赵匡胤早就放出话来，不准任何人动樊若水一家老小一根汗毛，否则后果自负。李煜害怕赵匡胤到时候迁怒自己，就没采纳南唐群臣们的建议，自始至终没有动樊若水家人一根手指头。

通过其事看其人，李煜骨子里的懦弱和昏庸迂腐程度，可想而知……

又是一个孤枕难眠的夜。

眼看着就要亡国了，李煜心急如焚，实在闷得慌，便独自出门散起步来。

走着走着，终究还是绕不开心中的烦忧事。触景生情，有感而发，浮现在脑海里的一首《临江仙》，道出了他在当时境况下内心深处的万般苦楚：

> 樱桃落尽春归去，蝶翻金粉双飞。子规啼月小楼西，
> 玉钩罗幕，惆怅暮烟垂。
> 别巷寂寥人散后，望残烟草低迷。炉香闲袅凤凰儿，
> 空持罗带，回首恨依依。

你看，宗庙难献的樱桃已落尽——全都随着春天归去，无知的粉蝶儿还是寻乐双飞。杜宇转化的子规在小楼西面夜夜泣血鸣啼，倚着楼窗的玉钩罗幕瞭望，惆怅地看着暮烟低垂。

入夜后，小巷里一片岑寂，人们都已纷纷散去，凄然欲绝面对烟草低迷。炉里的香烟绕着绘饰凤凰的衾枕，但见她愁容满面，空持罗带，怎能不令人回首恨依依……

眼看着都已经兵临城下、生死攸关了，李煜不但不反思自己的过失，抓紧和文武百官想方设法整军备战，反倒去求

神拜佛。

　　每天一大早，李煜就起床来到佛龛前祈祷，乞求佛祖护佑自己也护佑南唐，希望通过求神拜佛以渡过眼前劫难……

（三十一）大难临头 无路可退

公元 974 年底，北宋大军开始横渡长江了。

长江南岸的南唐守军放眼望去，黑压压的北宋军队正有条不紊地从采石矶上的浮桥浩浩荡荡走过来，紧随其后的是军械、粮草的补给队伍，也源源不断地从长江北岸运往长江南岸。那规模跟那阵势，一看就是要打大仗的样子，南唐守军谁看了都有些胆战心惊。

自古以来，真正的王者之师，往往自带逼人的气势，所向披靡，气贯长虹。

直到这时，李煜和南唐文武百官才苏醒过来，前几天还在讥笑人家北宋大军异想天开，不可能越过"长江天堑"，眼下被啪啪打脸，朝堂上下一时鸦雀无声。

到了这种地步，摆在李煜和南唐面前的只有两条路：要么与宋军决一死战，要么举手投降。

思虑再三，李煜最终选择了开战，为保住祖宗基业，必须跟宋军背水一战！这也就意味着从此南唐要跟北宋彻底决裂，两国要在战场上兵戎相见。

金陵城中的数万百姓得知国主李煜这次要举全国之力与北宋王朝决一死战，长期以来受压抑的身心受到很大鼓舞，精壮男子皆纷纷应征参军，人人希望成为保家卫国的一分子，在生死存亡关头为国尽忠！

作为一国之主，尤其当国家面临危难之时，关键看怎么用人，用对了人等于成功了一半，用错了人等于自毁长城，生死存亡往往就在一念之间。

李煜下诏告知国民正式与北宋决裂后，南唐随即废弃了沿用多年的北宋"开宝"年号，公私文书一律改用干支纪年，当年称"甲戌岁"，下按"乙亥岁""丙子岁"等类推。

除此之外，李煜还传谕京师一律戒严，动员兵民募军筹饷，囤粮积谷，各方人马一起坚守城池。

同时，李煜又专门写亲笔信给吴越王，警告他不要乘南唐之危趁火打劫。在信中李煜强调：你我两国虽素有芥蒂，但毕竟山水相连，应该明白"唇亡齿寒"这个道理，"今日无我，明日岂有君？有朝一日赵家天子易地赏功，王亦不过为汴梁一布衣耳"。

大难临头，已经无路可退；困兽犹斗，唯有死命抗争。

李煜在宫中专门设立了战时处理国政军务的机要重地，特设"内殿传诏"，只准为数有限的重臣参与其事，除心腹谋士徐游、徐辽兄弟外，还有谋划军国大政方针的陈乔、张洎，以及操持落实者吏部员外郎徐元、兵部郎中刁衎，执掌调兵大权的新任"神卫统军都指挥使"皇甫继勋。

此外，李煜又命镇海军节度使郑彦华为主将，遴选精锐水师二万乘大小战船溯江西进；另遣天德都虞候杜贞为副将，率领步骑军一万五千沿长江南岸西进。水陆两军配合，快速进兵采石矶，迎战正在渡江的宋军。

出师之日，李煜还亲临江岸执酒壮行，眼含热泪殷切叮嘱郑彦华："生死存亡，在此一举。二位爱卿要全力合作，精诚协力迎击宋师，我朝成败在此一举。"郑彦华跪拜谢恩，信誓旦旦地回答："臣遵旨效命沙场，即便粉身碎骨也在所不惜。"杜贞也慷慨陈词，表示愿血染沙场，肝脑涂地。

国主亲自来督战，一时间，南唐将士备受鼓舞，士气空前高涨。

可万万没想到，郑彦华阳奉阴违，当面一套，背后一套，是典型的"叶公好龙"之徒，当他指挥的战船溯流而上接近采石矶时，刚与曹彬指挥的田钦祚所部交战失利，便畏葸怯阵、拥兵不前，放弃了用战舰摧垮浮桥的计划。

杜贞虽竭力按照与郑彦华约定的"兵半渡而击"的计划行动，即当宋军沿浮桥南进至江心的时候发起攻击，率领部属浴血苦战，但终因郑彦华按兵不动贻误战机，使得杜贞孤军迎敌，伤亡惨重，被沿着浮桥紧密过江的宋军打得一败涂地。

皇甫继勋也好不到哪里去。他本是将门之后，理论上应担当大任，可终究也是草包一个。此人青年时代曾跟随其父皇甫晖混迹军旅，参加过决定南唐命运的滁州大战，由于他在阵前怯于厮杀，气得皇甫晖操戈击打，因其躲闪及时，遂得保全性命。皇甫晖重创落马，血染黄沙，为赵匡胤俘虏后又义不求生，拒绝医治，慷慨捐躯，战后受到中主褒奖。皇甫继勋便徒以家世无功受禄，愧得官爵，日益富贵，胜过王公，与德昌宫使刘承勋、原南平王李德诚并称"金陵三大富豪"。

此次身为京都守城最高统帅的皇甫继勋，为了保住已得的尊荣富贵，竟然贪生怕死，玩忽职守。他征募新兵，只图虚名，不重实效，招牌花俏竟有十三种之多。诸如：征召端阳佳节在村社的龙舟竞渡中优胜者入伍，编成水师，谓之"凌波军"。改编豪强大族以私财招募市井亡命之徒，护家守院者，谓之"自在军"。以及农家相聚自保、积纸为甲、以锄镰为兵器者，谓之"白甲军"。此外，除老弱病残外，全征为兵丁，谓之"排门军"等。由此一来，新兵虽人数众多，但素质低下，既不善攻，又不善守，宋军一来，节节败退，兵败如山倒。

就当时的情形来看，采石矶的战略地位尤为重要，可以说是南唐皇都金陵城的最后一道屏障，一旦被宋军攻破失守，金陵城就会彻底陷入危亡境地。

以皇甫继勋的德行和南唐守军的实力，怎么可能守得住采石矶呢？北宋大军以迅雷不及掩耳之势打得南唐军溃不成军、哭爹喊娘、落荒而逃，采石矶沦陷，北宋大军稍作修整，继续朝金陵城方向进军。

按理，皇甫继勋应该将前线战况及时传回宫中，让国主李煜和文武百官知晓。可他担心自己打了败仗会遭到朝廷的惩罚，竟然只报喜不报忧，让李煜和朝廷对前方战事的真实情况一无所知。有几名将士实在看不下去，想偷偷去金陵给国主报信，却被皇甫继勋当作想去给宋军报信的奸细进行严刑拷打。

就这样，远离战场的李煜和南唐文武百官一直被蒙在鼓里，天真地以为战事顺利，北宋军队打不到金陵来，刚清醒振作没几天，又继续开始了纸醉金迷、歌舞升平的奢靡生活，在富贵温柔乡里做着安逸的春秋大梦。

北宋铁骑实在太勇猛了，皇甫继勋又是贪生怕死之徒，为保住自己的荣华富贵，竟希望能早日投降，这样至少可以确保自己性命无忧。

每当李煜问起前方战事，他都不交实底，做出一副城防军务繁忙、不容分身的样子，李煜还以为他真的是为国操劳、鞠躬尽瘁呢，傻子一样接连当众赞许他是国家栋梁、人中龙凤。

北宋大军攻破采石矶后，很快就在金陵城外安营扎寨了。之所以迟迟没有强攻，是因为赵匡胤有令，要让李煜主动投降，能不强攻就尽量不要强攻。皇甫继勋呢，却反倒希望宋军尽快攻城，这样一来他好去劝说李煜投降，也给赵匡胤这边卖个好。见宋军一直没有动静，也跟着拖延，继续按兵不动。

时间一天天过去，被蒙在鼓里的李煜和南唐文武百官还以为皇甫继勋一直驻守在采石矶，宋军依旧在"长江天堑"之外过不了江呢。当初一腔热血立志要跟北宋彻底决裂并举全国之力背水一战的豪情壮志，逐渐冷却下来，李煜依旧跟小周后沉溺于莺歌燕舞、谱曲填词、男欢女爱的甜美小日子之中……

（三十二）成王败寇 肉袒出降

转眼间，冬去春来，万物复苏。

公元 975 年，春暖花开时节，有一日李煜突然心血来潮，传谕要宰相陪同，一起登上城楼巡视采石矶方向的军事情况。

登上城楼后，李煜环顾起城外，顿时傻了眼：只见远处江岸帆樯林立，战舰如云，近处旌旗和营帐遍地都是。中军帐前旗杆上高悬的旗全是宋军的旗帜。什么时候，守城的军队，全变成了宋军了！

看到此景，李煜大惊失色，目瞪口呆了好一阵，这才明白：原来自己一直被皇甫继勋等人蒙蔽、欺骗！

李煜怒了！

回到宫中后，立即召见皇甫继勋，怒斥他欺君罔上，误兵误国！随后下令摘掉其乌纱，一众武士捆绑着他推出午门，按律正法。守卫宫门的武士对飞扬跋扈的皇甫继勋早就恨之入骨，此刻见他被押解出宫，个个怒眼圆睁，蜂拥而上，先是拳打脚踢，继之棍起刀落，须臾之间，未待行刑便将他脔割分尸。

　　皇甫继勋隐瞒军情、欺上瞒下、按律被诛的消息，很快传遍整个金陵城。守城官兵早就对贪生怕死、胡作非为的皇甫继勋恨之入骨，看到他被问斩，甚是高兴，士气大振。李煜再度下诏督促各地将士勤王率师北上，以解救被困的金陵。

　　这是李煜有生以来第一次，也是最后一次亲自部署兵力，认真抵抗入侵的北宋军队。遗憾的是，懦弱的李煜没过多久又动摇了，到了这个时候依旧对赵匡胤抱有幻想，妄图以和谈来促成休战和退兵。

　　为此，李煜派遣能言善辩、才思敏捷的文臣徐铉和精通《周易》、深谙变通之道的名士周惟简为正副使又一次出使北宋，向赵匡胤厚贡方物，还呈上他亲笔写下的《乞缓师表》：

　　臣猥以幽孱，曲承临照，僻在幽远，忠义自持，惟将一心，上结明主。此蒙号召，自取愆尤，王师四临，无往不克。穷途道迫，天实为之。北望天门，心悬魏阙。嗟一城生聚，吾君赤子也；微臣薄躯，吾君外臣也。忍使一朝，便忘覆育，号咷郁咽，盍见舍乎？臣性实愚昧，才无异禀，受皇朝奖与，首冠万方。奈何一日自踵蜀汉不臣之子，同群合类而为囚虏乎？贻责天下，取辱祖先，臣所以不忍也。岂独臣不忍为，亦圣君不忍令臣之为也。况乎名辱身毁，古之人所嫌畏者也。人所嫌畏，臣不敢嫌畏也，惟陛下宽之赦之。臣又闻：

鸟兽，微物也，依人而犹哀之；君臣，大义也，倾忠
能无怜乎？倘令臣进退之迹不至丑恶，宗社之失不自
臣身，是臣生死之愿毕矣。实存没之幸也。岂惟存没
之幸也，实举国之受赐也；岂惟举国之受赐也，实天
下之鼓舞也。皇天后土，实鉴斯言。

　　这篇表文，可谓字字泣血。李煜在表文中苦苦哀求赵匡胤
对他网开一面，退兵休战；还请求赵匡胤不要把他置于"贻责
天下，取辱祖先"的难堪境地，使他这个"穷途道迫"的末代
君王，"进退之迹不至丑恶，宗社之失不自臣身"。

　　一心想统一天下的北宋皇帝赵匡胤，对李煜上书乞求停战
和谈之事置之不理。

　　面对颓败的局势，李煜束手无策，求助赵匡胤不成，再去
求助佛门，也终究无果。"求神神不应，叫地地不灵。只有听
天由命，任其自然了。"

　　多愁善感的李煜，终究是个文人，直到这时还依然有那份
心境，拿起笔墨纸砚，遣词造句，企图以此解千愁……

　　这时候士气高涨的宋军，根本没有停下来的意思，攻城一
事按原计划进行，很快就攻破了金陵城城门，接着又破了内城，
然后向皇宫方向袭来。

　　李煜得到消息，急忙传谕宣召近臣前来一起商议如何前往
曹彬军营奉表献玺，肉袒出降。

　　所谓"肉袒"，原是古人祭祀或谢罪时用以表示虔敬和惶

惧的一种方式。最初必须去衣露体，后逐渐简化，只去冠袍，保留短衣，作为战争中失败者向胜利者服输投降的象征。

宋军将领按照赵匡胤发兵前的嘱咐，接受了李煜肉袒出降的请求，在军营门外早已备妥两排对向的几案座椅，四周井然有序地站着戎装执戈的武士。

"肉袒"请降的南唐君臣，诚惶诚恐，按官爵品级高低依次排列，等待前途未卜的处置……

这时，大江南北，都已入冬。南唐天空，到处都是阴云密布，风雪交加。古城金陵，哀声四起，城里城外，寒气袭人。

面对眼前情形，心生怜悯的曹彬极力掩饰胜利者的傲气，仔细端详着站在肉袒出降队首的李煜，彬彬有礼地说："想必阁下就是诗文誉满江南大地的南唐国主了？今日得以相见，果然气宇非凡，文质彬彬，与我等草莽迥然不同。"

神色沮丧、两眼呆滞的李煜双手捧着用黄绸包裹的皇帝玺绶，诚惶诚恐地回答："不敢，不敢，在下乃戴罪之身，亲率子弟僚属以及重臣，肉袒请罪，奉上御玺金印，恭请曹元帅发落。"

曹彬从李煜手里接过金印，然后竭力装作一副豁达宽容的模样说："李国主言重了，言重了。阁下这么识时务，如此一来北宋和南唐化干戈为玉帛，使古城金陵免遭生灵涂炭，这样一来，于己于民都有利，何罪之有？"随后伸手向李煜作了一个揖让的姿势："请阁下快快与我一起入座。"

在这决定未来命运的场合，李煜作为亡国之君，除了甘拜下风，怎敢轻举妄动？他稍加思索，便极为得体地回答："元帅在上，岂有李煜僭越之理。"曹彬见李煜驻足不动，也就没再谦让，便带领众将先后入座。

这时，李煜才和南唐一班宗室近臣走到曹彬的对面坐下，但仍然不敢正视对方，只能悄悄地环顾其左右。面对眼前这种剑拔弩张的受降阵式，李煜的心情糟糕到了极点，也显得惴惴不安。

双方代表坐定之后，曹彬想尽力缓和紧张得让人有些窒息的气氛，暂时不谈正题，而是先同李煜海阔天空地寒暄家长里短来。

但在心思缜密的李煜这里，还误以为曹彬在引而不发，神经一直都很紧张，在整个交谈过程中内心也一直是七上八下。直到临近尾声，他才用颤抖的声调探问曹彬："在下及家眷今后在汴梁如何安排，望元帅不吝赐教。"

曹彬回答道："圣上对此早有安排，已饬有司在汴河岸边风景佳丽处特建宅第，专供阁下安居宴游。"

稍加停顿，曹彬又加重语气说："不过，归顺天朝以后，俸禄有限。阁下生来又惯于锦衣玉食，挥金如土，回宫置办行装，一定要多留金银珠玉，以备后用。否则，宫内府库一经随军文官清点注册，阁下可就难动分文了！"

有了曹彬此番关照点拨，李煜心中的惊悸顿消，突然如释重负，鞠躬以示感谢并虔诚地说："元帅见教极是！在下铭记在心，不胜感激。"

曹彬参加完受降仪式归营，心中甚是欢喜，总算把皇帝赵匡胤交代的事办妥了。一进军营，发现诸将面面相觑，神色不安，很是诧异，便追问其中因由。

心直口快的两位裨将梁迥、田钦祚答道："元帅胸襟大度，特准江南君臣回宫办装，可曾虑及后患？倘若李煜罪己自尽，元帅将何以回朝复命？"

曹彬听罢，摇头含笑回驳："尔等不见李煜优柔怯懦，假如他敢于铤而走险或视死如归，又何必率众肉袒出降？"

但回过头来一想，梁迥、田钦祚等人说的也不是没有道理，万一中间出了差错，李煜人没到汴梁，就死了，那我老曹回头该怎么跟皇帝交代？

想到这里，为保险起见，曹彬命李汉琼率亲军五百前去戍守南唐各个宫门，以保宫苑安全和清点交接工作顺利进行，并传令下属诸营官兵，严禁入宫骚扰李煜及其后宫家眷，违者定斩不赦。

当初，李煜坚持称病迟迟不肯入汴梁面圣时，的确曾将生死置之度外，多次坚定地向臣下表白："他日王师见讨，孤当躬擐戎服，亲督将士，背城一战，以存社稷。如其不获，乃聚宝自焚，终不作他国之鬼！"

可如今在曹彬带兵逼降和最后通牒面前，特别是升元寺在混乱中被人用火烧毁，致使数百在该寺避难的士大夫和富商妇孺丧生的消息传入宫中后，李煜实在不忍心看到金陵城的百

姓跟着自己一起玉石俱焚，只能选择向北宋投降，以尽快终止
这场流血战争，这样一来，至少可以让南唐子民免遭生灵涂
炭……

第十卷

皇帝囚徒
问君能有几多愁

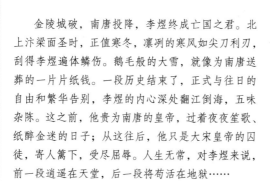

　　金陵城破，南唐投降，李煜终成亡国之君。北上汴梁面圣时，正值寒冬，凛冽的寒风如尖刀利刃，刮得李煜遍体鳞伤。鹅毛般的大雪，就像为南唐送葬的一片片纸钱。一段历史结束了，正式与往日的自由和繁华告别，李煜的内心深处翻江倒海，五味杂陈。这之前，他贵为南唐的皇帝，过着夜夜笙歌、纸醉金迷的日子；从这往后，他只是大宋皇帝的囚徒，寄人篱下，受尽屈辱。人生无常，对李煜来说，前一段逍遥在天堂，后一段将苟活在地狱……

（三十三）囚徒人生 封违命侯

投降后不久，按照宋太祖赵匡胤的要求，李煜须尽快带着小周后等妃嫔以及主要王公大臣，随曹彬北上到汴梁面圣。

临行前，金陵皇宫里的教坊司最后一次为李煜演奏乐曲，凄惨哀婉的别离歌表达了所有人当时的心情。大家都知道，这一别，很大程度上就是永别。

此时正值年末，寒冬腊月，无论南国还是北国，到处都是大雪纷飞。除了身体上的寒冷，李煜的心里更冷。

和小周后一起祭拜完宗庙，心如刀割、自觉愧对列祖列宗的李煜，就带着家眷和文武百官们一起朝汴梁城方向出发了。

满眼山河，皆是血泪。

站在船头，迎风而立，内心一片荒凉的李煜想起已彻底失去的家国天下，思绪万千。之前他一直想着怎么才能摆脱帝王身份，可如今真正失去这个身份时，竟是那么的痛彻心扉，满怀耻辱跟悔恨。

人生如梦，起起落落，很多人跟事如眼前这波涛汹涌的大江大河，一去不复返。

心如死灰的李煜，边走边为南唐三千里破碎山河伤感流泪，多美的地方啊，四十年时间祖孙三代人相守相伴，如今再也不属于李氏家族了。

李煜啊，李煜，你实在愧对列祖列宗，愧对南唐黎民百姓……

回想起过去在位时的碌碌无为、虚度年华，李煜一边走一边懊悔不已，正如《破阵子》这首词所述：

四十年来家国，三千里地山河。凤阁龙楼连霄汉，玉树琼枝作烟萝，几曾识干戈？

一旦归为臣虏，沈腰潘鬓消磨。最是仓皇辞庙日，教坊犹奏别离歌，垂泪对宫娥。

想我南唐开国至今，已有四十年历史，幅员辽阔。宫殿高大雄伟，可与天际相接，宫苑内珍贵的草木茂盛，就像罩在烟雾里的女萝。在这种奢侈的生活里，我哪里知道还会有战争这回事呢？

自从做了俘虏，我因为在忧虑伤痛的折磨中过日子而腰肢减瘦、鬓发斑白。最令我难过的是慌张地辞别宗庙时，宫廷教坊的乐工们还奏起别离的歌曲，这种生离死别的情形，令我悲伤欲绝，只能面对宫女们垂泪而已……

说到底，李煜还是太软弱了。这种软弱，直接或间接导致北宋来犯，南唐亡国。在前往北宋面圣的路上，李煜目不转睛地回望着沿途南唐各地的山山水水，想把它们——一刻在自己的脑海里。

从此以后，南唐三千里山河，就是一片远去的背影；从此以后，再也没有什么南唐国主，只有北宋的囚徒。

走着走着，起风了，苍穹之上突然乌云密布，把所有的阳光都给挤走了，李煜的内心也似铅般沉重，压抑得喘不过气来。

当满载悲伤和亡国之痛的船行至一个码头，稍做停留时，李煜在渡口上再次回望自己的故都石头城，又忍不住潸然泪下，奋笔疾书《渡中江望石城泣下》以排解自己无法抑制的痛苦：

> 江南江北旧家乡，三十年来梦一场。
> 吴苑宫闱今冷落，广陵台殿已荒凉。
> 云笼远岫愁千片，雨打归舟泪万行。
> 兄弟四人三百口，不堪闲坐细思量。

江南江北是我的故乡，三十年岁月如同做梦一样。金陵宫殿如今冷落荒凉、人去楼空。云烟笼罩处的峰峦，如同愁绪千片；细雨滴打着远行小舟，如同悲泪万行。自己四兄弟家人共约三百口，闲坐时甚至不忍细细思量……

越过千山万水，风雪中艰难前行。李煜一行人到达北宋国都汴梁时，已是次年正月，在风雪交加、步履维艰的路上，他度过了人生之中最凄惨的一个春节。

新年伊始，汴梁城内张灯结彩、喜气洋洋、年味甚浓，可李煜一点儿也高兴不起来。看到的、听到的、遇到的这些欢喜，这时候在他这个亡国奴这里，全像是嘲讽跟讥笑。

进了汴梁城，李煜他们先在驿馆里住下，静静等待大宋皇帝赵匡胤的召见，可好几天不见消息。

赵匡胤作为胜利者，作为高高在上的帝王，自然也不急着召见李煜，先忙着对班师回朝的大宋勇士一一进行了封赏。直到有一天，忙完手头要紧的事想起了李煜，这才宣布召见。

宫里的太监总管带着李煜一行人进了皇宫，走着走着，李煜感觉自己的脚像被什么东西吸住了一样，每一步都万分沉重。

这一段路本不算太远，但让寸步难行的李煜感觉像是一直没有尽头……

进入北宋皇宫大殿，面对北宋王朝文武百官们的异样眼光和高高在上的赵匡胤，李煜感觉有数不清的刀剑朝他这边刺过来，让他毛骨悚然。

行完朝拜皇帝时的跪行之礼，赵匡胤盯着李煜看了很久很久，赐座后简单问了些路上的情况，辛苦不辛苦啊，冷不冷啊等，李煜一一配合做了回答。某种程度上，赵匡胤是欣赏这位满腹经纶的南唐后主的，他的词作的确情真意切。

随后，太监总管受命念起早就拟好的关于南唐后主李煜等人如何安排的诏书：

上天之德，本于好生，为君之心，贵乎含垢。自乱离之云瘼，致跨据之相承，谕文告而弗宾，申吊伐

而斯在。庆兹混一，加以宠绥。江南伪主李煜，承奕
世之遗基，据偏方而窃号。惟乃先父早荷朝恩，当尔
袭位之初，未尝禀命。朕方示以宽大，每为含容。虽
陈内附之言，罔效骏奔之礼，聚兵峻垒，包蓄日彰。
朕欲全彼始终，去其疑间，虽颁召节，亦冀来朝，庶
成玉帛之仪，岂愿干戈之役。寒然弗顾，潜蓄阴谋。
劳锐旅以徂征，傅孤城而问罪。洎闻危迫，累示招携，
何迷复之不悛，果覆亡之自掇。

昔者唐尧光宅，非无丹浦之师；夏禹泣辜，不赦
防风之罪。稽诸古典，谅有明刑。朕以道在包荒，恩
推恶杀。在昔骤车出蜀，青盖辞吴，彼皆闰位之降君，
不预中朝之正朔，及颁爵命，方列公侯。尔实为外臣，
庚我恩德，比禅与皓，又非其伦。特升拱极之班，赐
以列侯之号，式优待遇，尽舍尤违。可光禄大夫、检
校太傅、右千牛卫上将军，仍封违命侯。尔其钦哉！
毋再负德！

李煜被封为"违命侯"，这引起在场北宋文武百官们的纷
纷议论。仔细一品，其实"违命侯"中的每一个字，都是在嘲
笑和讥讽李煜的过去与现在。

李煜是何等聪慧之人，自然懂得这"违命侯"三字背后的
真正含义，这是令他这一生都刻骨铭心的奇耻大辱！

只可惜，如今赵匡胤是皇帝，他李煜现在是囚徒，所以只

能忍气吞声，把一切愤懑都往肚子里咽，咽不下去也得咽。

听完诏书所述，李煜愈发感到惶恐，赶紧跪地大声叩谢皇恩浩荡……

从此，一代君王李煜成了受尽屈辱的亡国之囚，南唐也随之化为历史深处的一抹烟云……

（三十四）受尽羞辱 颜面扫地

无可奈何花落去。

历经苦苦挣扎，一切办法都用完后，南唐终于还是灭亡了。李煜作为一国之主，最后还是成了赵匡胤的俘虏。

跪拜完大宋皇帝并俯首称臣后，李煜和小周后被安排住在了赵匡胤事先令工部营建好的"礼贤宅"中。走进去一看，亭台水榭、奇花异石、小桥流水、曲径回廊……可谓样样周全，完全是按李煜在南唐金陵皇宫时的样子仿造的，让人置身其中，宛若活在江南。

李煜自然知道赵匡胤安排他住"礼贤宅"背后的用意，无非是希望他像其弟李从善一样，也尽快把南唐忘掉，不要老惦记过去。要不是因为自己眼下是囚徒，李煜说不准会真的喜欢上这宅子，处处都合他心意。

这时的李煜，还是很有自尊心的，把文人骨子里的清高表现得淋漓尽致。越是看到这样的宅子，越是令他想念江南，思念过往。赵匡胤专门营造的"礼贤宅"再好，也是牢笼一座，毕竟这里不是故乡江南，而是异国他乡……

每当宫里有宴会，赵匡胤时不时总会想起李煜，也邀请他和小周后一起参加。说实话，若不是因为政治，一代枭雄赵匡胤和一代才子李煜说不定会成为俞伯牙和钟子期，彼此各有所长，互相欣赏。可今生今世，他们注定不能成为知己。

为了显示自己的威风，赵匡胤在宴会上经常捉弄羞辱李煜，比如让他临时赋首诗填个词什么的。等李煜即兴赋完诗作完词，赵匡胤又挑三拣四、冷嘲热讽，赴宴群臣跟着一起哈哈大笑，李煜这才明白原来这是陷阱，根本没人把他和他的才华当回事儿。

成王败寇，赵匡胤喜欢用各种各样贬低李煜的方式，来证明自己比李煜更加强大，无论是哪个方面。

这是两个男人之间无法消弭的战争，赵匡胤就是要在亡国之君李煜身上找到存在感和优越感，他甚至当众讽刺李煜说："你看，你的词作得这么好，出神入化，无人能比。但当初为何不用写诗填词的那股劲儿，好好治理南唐呢？不然又怎么会沦为朕的囚徒呢？"

虽然是讽刺挖苦之言，但赵匡胤所言也确实是事实。李煜无力辩驳，作为失败者，只能任由赵匡胤挖苦，让他这个亡国之君在众人面前屡屡颜面扫地。

来到汴梁后，虽然衣食无忧，每日也有美味佳肴，也一样歌舞升平，但亡国之痛始终都是一个结，从未在李煜心中化解。他把无尽的辛酸与痛楚、无奈跟血泪都写进了他的词里，在《望江南·多少恨》中，他这样感慨：

> 多少恨，昨夜梦魂中。还似旧时游上苑，车如流水
> 马如龙。花月正春风！

有多少遗恨呀，都在昨夜的梦魂中。梦里的情景，好像又回到从前在皇室上苑游乐一样，车马奔驰，络绎不绝。而繁花在春风中摇曳，明月在春风中映照，景象多么旖旎啊！

降宋后，李煜由凌驾万人之上的九五之尊沦落为任人凌辱的阶下之囚，经历了人生的大喜大悲，悔恨长伴，追忆不断，《望江南·多少恨》这首词就是李煜为表达自己对现实处境的无限凄凉之情而作的。

"此中日夕，只以眼泪洗面。" 这是李煜在跟南唐旧时宫女庆奴通书信时写的，很直接地告诉了对方自己在汴梁城生活的现状。不只是绵绵无绝期的恨，还有数不清的辛酸泪，继《望江南·多少恨》之后，李煜又写了一首叫《望江南·多少泪》的词：

> 多少泪，断脸复横颐。心事莫将和泪说，凤笙休
> 向泪时吹，肠断更无疑。

我有多少泪水，纵横交错地流在脸上。我的心事不用拿来边哭边诉说，那笙箫不要在我流泪时吹起呀，我现在无疑已是

极度伤悲了。

通过这些直抒胸臆的词可以看出，李煜以泪洗面、肝肠寸断的囚徒生活，该是多么的凄凉。

也不知道为什么，自从离开南唐后，很少做梦的李煜，几乎天天夜里做梦。他老梦见自己回到了南唐，曾经的一切，都是那么的熟悉，那么的亲切，却又那么的陌生跟遥远。

每次午夜醒来，梦境烟消云散，只剩下寝宫外时明时暗、异常冰冷的月光，梦来了，忽然又走了，还没好好享受梦里的繁华，这就醒了，如此反复更让李煜倍感凄凉。

作为皇帝囚徒，自然没有半点自由。

李煜自己可能感觉不到什么，他在"礼贤宅"里的一举一动，其实都被赵匡胤安插的眼线死死盯着。

每一天，李煜都干了些什么，见了谁，说过什么话，写了什么东西……都有人一五一十地报给赵匡胤，使其对李煜的情况了如指掌。

经常无端受到羞辱，时常颜面扫地，囚徒的生活实在难熬，何时是个头啊！

李煜越来越觉得烦闷，开始喜欢上喝酒。一杯杯冰冷的酒入口，让他肝肠寸断，令他痛苦无比。也只有在这个时候，他才觉得自己还是个活人。

江南，江南，还是江南。

多少次梦里回江南，可终究是闲梦一场。在《望江南·闲梦远》中，李煜对南国的春花秋月充满无限怀念：

闲梦远，南国正芳春。船上管弦江面绿，满城飞
絮辊轻尘。忙杀看花人！

闲梦远，南国正清秋。千里江山寒色远，芦花深
处泊孤舟，笛在月明楼。

记忆中，南国春光是那么的绚丽多姿。船上管弦声不绝于耳，
江水一片碧绿，满城柳絮纷飞，淡淡尘烟滚滚，忙坏了看花的
人们。

印象里，南唐故国的清秋也同样让人着迷，那辽阔无际
的江山，笼罩着一片淡淡的秋色，美丽的芦花深处横着一叶
孤舟，悠扬的笛声回荡在洒满月光的高楼，是那么让人怀
念……

（三十五）长歌当哭 填词寄情

时光如流，转眼间冬去春来。

那一夜，汴梁城内细雨婆娑，一直没有停下来的意思，像极了烟雨朦胧时的江南。

深陷亡国之痛不能自拔的李煜自打入汴梁以来，压根儿没有睡过一次安稳觉。在这缠绵悱恻的雨夜，他更是难以入眠，一直独守着窗棂，痴痴地看着亭前一朵朵红花飘落。

看着看着，一阵带着初春寒气的风吹了过来，花儿开始打着旋儿翩翩起舞。不忍离别的它们，一直在苦苦徘徊，为停留人间做最后的挣扎，但无论怎么努力，终究还是抵挡不住"零落成泥碾作尘"的宿命。

细雨霏霏，浸润了地上的些许落花，也浸湿了精神恍惚看花听雨的李煜，那满腹的愁绪都被这雨给浇透了。此时此刻，身为亡国奴的李煜双眉紧锁，面对周遭的无限冷清和空寂，更觉百无聊赖，触景生情写下《采桑子·亭前春逐红英尽》后感觉有些累，这才昏昏然睡了过去。

　　亭前春逐红英尽，舞态徘徊。细雨霏微，不放双
眉时暂开。

　　绿窗冷静芳音断，香印成灰。可奈情怀，欲睡朦
胧入梦来。

　　曾经姹紫嫣红的南唐岁月，万千繁华的金陵印象，一会儿
清晰一会儿朦胧，再一次占据李煜在他乡汴梁的梦境……

　　自打降宋之后，寄居在这纷纷扰扰的汴梁城，李煜一年四
季基本上都在过着既屈辱又悲惨的生活。他感觉自己就像一只
被禁锢在金丝笼中的鸟儿，住所虽然华丽，却毫无人身自由，
只能常年蜗居在"笼子"里，到处都是高墙深院，戒备森严，
终究插翅难飞。

　　李煜几次想尝试着出去走走，但大宋皇帝赵匡胤特地交代
过，没有他的手谕，李煜不得私自会客，也不能随便走动。

　　这对曾经同样高居帝王宝座，也曾号令天下臣民的李煜来
说，无疑是从天堂一下子栽进了地狱。搁谁都无法承受这如天
崩地裂般的巨大落差！生活的孤寂、前途的暗淡、内心的恐惧、
眼里的失望，时刻令他肝肠寸断、痛不欲生。

　　找来找去，唯一可以供李煜宣泄忧郁愤懑的渠道，恐怕只
有长歌当哭和濡墨填词了。此时的李煜心灰意冷、愁绪满腹，
对人世间诗词歌赋以外的东西都冷漠到了极点，包括他曾经一
直痴迷贪恋的美人，一直沉溺享受的男欢女爱……

　　春天来了，吹面不寒的煦风，沾衣欲湿的细雨，悄悄然潜

入李煜所在的庭院，甚至在一夜之间神奇地染绿垂柳枝条，即便如此也无法让李煜枯萎的心灵复苏。

相反，这些良辰美景反倒勾起了李煜心中的诸多隐痛，使他再度想起旧作《玉楼春》中所描绘的春宵美景："晚妆初了明肌雪，春殿嫔娥鱼贯列。凤箫吹断水云间，重按霓裳歌遍彻。"那些在南唐时热烈红火的宫闱春夜，与眼前这萧索凄凉的春日相比，反差实在太大了！

李煜对昔日安富尊荣的享乐生活越是留恋，对今朝"欲寻陈迹怅人非"的严酷现实就越是失望。为此，他时常独自一人身倚栏杆长久不语，闭目遥想，回首往事，痛恨江山易主，人事全非。

入夜了，尽管李煜依旧可以传令赐第中的旧时宫娥演奏舞乐，但画堂里的笙歌美酒和明烛暗香，却无法排遣他的苦痛。小院荷池的冰面开始消融，可是他的内心依然还在冻结。与日俱增的烦恼、愁苦、忧郁和怅恨，使他心力交瘁。

刚刚四十出头的李煜，来汴梁后不久，清霜残雪就覆盖了他的双鬓。看着铜镜中的自己，让他更加感到恐慌，这才到汴梁城多长时间啊，自己就已经老了半截，一首《虞美人》表露了他的心情：

　　风回小院庭芜绿，柳眼春相续。凭阑半日独无言，依旧竹声新月似当年。

　　笙歌未散尊罍在，池面冰初解。烛明香暗画堂深，满鬓清霜残雪思难任。

初春尚且如此伤怀，到了暮春时节，李煜的伤感更多。

晨起时，李煜信手推开窗扉，望着晚风朝雨摧残和濡湿的满地落红，眼前浮现出一群浓妆艳抹的妙龄宫女，以及她们当年与他依依惜别时怆然流泪的场景。

接着，李煜又由林花凋谢、春去匆匆想到自己的身世沉沦、命运乖舛，由此再度感伤起华年骤逝、人生苦短等悲怨。

满腔的悲愤和怨恨，像冲出阀门的滔滔江水，猛烈地撞击着李煜感情的门闩，使他全然不能自已，一首《相见欢》又脱口而出：

林花谢了春红，太匆匆。无奈朝来寒雨晚来风。

胭脂泪，留人醉，几时重？自是人生长恨水长东！

秋天到了，自古逢秋悲寂寥，李煜又开始悲秋。

入夜，远近的农家妇女，不约而同地坐在月下捣衣。夜风把木棒槌敲打砧石的声响，时断时续地传进李煜那座空荡寂寥的深院小庭之中。

烦躁的心境使李煜无法入睡，于是他便索性倚枕冥想，任凭单调的砧声伴着孤独的月光闯入帘栊，直到天明，无意中吟唱了一首《捣练子令》：

深院静，小庭空，断续寒砧断续风。无奈夜长人
不寐，数声和月到帘栊。

在这万籁俱寂的秋夜里，心烦意乱的李煜常常彻夜不能寐。

有时在更深漏尽之际，他实在觉得百无聊赖，便起身披衣走出卧室，驻足廊下四处张望。每当他看到一钩凄清的残月高挂在西天之上，把冰冷的清辉洒向光秃无叶的梧桐枝丫，又在地面上投下稀疏的暗影时，心情愈加阴冷起来。

在他乡汴梁，寄人篱下，苦做囚徒，与往日在南唐宫廷生活的繁华相比，简直是天壤之别，李煜思绪纷纭复杂如同一团乱麻。既不敢剪断，又无法理清，只好听任这别是一般滋味的哀愁在心中恣意翻滚。

李煜那首雅俗共赏、广为传诵的《相见欢》，就是在这样的背景下写成的：

无言独上西楼，月如钩。寂寞梧桐深院锁清秋。
剪不断，理还乱，是离愁。别是一般滋味在心头。

第十一卷

致命毒酒
浮生若梦似水流

人生苦短，免不了遭受坎坷波澜。李煜原以为降宋后被封"违命侯"、沦为阶下囚，已是他人生的最低谷，没想到宋太祖赵匡胤留下"烛影斧声"千古迷案驾崩后，粉墨登场的宋太宗赵光义对他的羞辱和折磨变本加厉。除了废掉李煜的爵位，既无耻又好色的赵光义竟然在强行霸占小周后时让画师在一旁现场描摹春官图。面对强权之下赤裸裸的欺压和羞辱，李煜痛不欲生却又无可奈何，最后连他自己也被赐了鸩酒，含恨而终……

（三十六）爵位被废　噩梦加剧

公元976年，春秋鼎盛的大宋王朝突然发生了一件震惊朝野的大事，成了这个王朝历史的重要转折点，也成为"违命侯"李煜悲喜人生的重要转折点。

话说这年十月壬午夜，宋太祖赵匡胤突然召见亲弟弟晋王赵光义入宫饮酒。两人足足深谈了一夜后，次日清晨，赵匡胤竟然莫名其妙地驾崩了。

翌日，赵光义即位，是为宋太宗。

据站在寝殿不远的侍卫回忆，当晚三更时，天空下起了鹅毛大雪，赵匡胤、赵光义兄弟俩突然发生激烈的争执。从映在窗纸上的身影看，赵光义曾几次离座而起，过了片刻，有斧子戳地击物的声音，过了一会儿又没了动静。

近五更时，寝宫内突然传出赵光义的号啕大哭声，赵匡胤驾崩了！次日，赵光义当众出示赵匡胤的"遗诏"，在其灵柩前即皇帝位。

跟宋太祖赵匡胤时常坚持的"怀柔政策"明显不同，赵光义一登基就下诏废了李煜的"违命侯"爵位，改封为"陇西郡公"。

由"侯"晋"公"，表面上看似抬高了李煜的身份，事实上并非如此。这位同样爱好诗文的皇帝，并没有以文会友，反倒变本加厉地羞辱薄命君王、千古词宗李煜，置其于更加痛苦的境地。

一日，赵光义一时性起，传旨要去崇文院观书，并召李煜同行。来到书院礼贤馆，赵光义指着馆内汗牛充栋的藏书对李煜说："据云卿在江南亦喜读书，更喜收藏。此中孤本、善本多是卿的爱物，不知卿归顺本朝后是否常来书院披览？"

面对赵光义的挑衅，李煜不知如何回答是好，为免惹是生非，只好言不由衷，虚与委蛇。李煜心中一直都很鄙视赵氏兄弟在诗文方面的浅薄和谈吐的粗野，很看不惯他们不懂装懂、附庸风雅的做派。

作为男人无论怎么被羞辱、被伤害，都还能承受。最使李煜感到痛苦不堪的是，往日与他朝夕相伴的小周后，在降宋后虽然被封为"郑国夫人"，但自身权益却毫无保障。

作为堂堂七尺男儿，李煜为自己无力保护爱妻而深感内疚，更为赵光义的暴虐和下流无耻而痛恨不已。面对爱人遭受这种难以启齿的凌辱，除了强忍心灵深处创伤的剧痛，与小周后抱头饮泣之外，李煜是"哑巴吃黄连，有苦说不出"，只能强压着怒火。

越是回避，问题越多。

小周后每次应召入宫侍寝，李煜都失魂落魄、坐卧不宁、彻夜难眠。尤其是在暮春之夜，他更是惆怅无言，倚枕遥望长空，见残月西沉，远处传来凄凉的雁唳，更增添了他对小周后的担忧和想念。

想着想着，窗外似乎又响起了他熟悉的小周后夜归的脚步声。李煜赶紧起身，凭窗环顾画堂深院，可是却不见小周后的倩影，只有满地落红。但他并不为此失望，仍以期待的口吻暗暗自语："但愿杂役别来清扫这满院落花，好让我的小周后在黎明前踏着这'红锦地衣'归来。"

待到曙色临窗，李煜依旧毫无睡意，拾掇起笔墨纸砚，把漫漫长夜里的所思所想，写进《喜迁莺》一词中：

晓月坠，宿云微，无语枕频欹。梦回芳草思依依，
天远雁声稀。
啼莺散，余花乱，寂寞画堂深院。片红休埽尽
从伊，留待舞人归。

拂晓的月亮已经坠下，夜空云雾已经微淡，默默无语倚在枕上，梦醒仍恋芳草绵绵，雁声却早已消失在遥远的天边。啼晓的黄莺散，零落的飞花乱，只留下寂寞画堂深深院，任落红遍地休扫它，留待跳舞之人回家……

面对赵光义丧尽天良的羞辱，李煜更加恨眼前这个世

界，恨这人生，恨这大宋，恨这天地，但又不能破口大骂。各种愁苦和烦恼缠绕，很快让李煜青丝变白发，一天天加速苍老。在《子夜歌》中，李煜这样倾诉内心的凄苦与哀愁：

　　人生愁恨何能免？销魂独我情何限！故国梦重归，觉来双泪垂。
　　高楼谁与上？长记秋晴望。往事已成空，还如一梦中。

　　人生的愁恨怎能免得了？只有我伤心不已悲情无限！
　　我梦见自己重回故国，一觉醒来双泪垂落。有谁与我同登高楼？
　　我永远记得一个晴朗的秋天，在高楼眺望。可惜啊，往事如今都已成空，就仿佛在梦中一般……
　　每每回想起繁华富庶、人潮汹涌的秦淮河畔，想起在南唐时候的那些风花雪月的日子，李煜既愉悦又伤感，这种心情在《浪淘沙·往事只堪哀》一词中表现得尤为明显：

　　往事只堪哀！对景难排。秋风庭院藓侵阶。一任珠帘闲不卷，终日谁来？
　　金锁已沉埋，壮气蒿莱。晚凉天净月华开。想得玉楼瑶殿影，空照秦淮。

往事只令人徒增哀叹，纵然面对再美好的景色，都难以排遣心中的愁苦。秋风萧瑟，冷落的庭院中，爬满苔藓的台阶，触目可见。门前的珠帘，任凭它垂着，从不卷起，反正整天也不会有人来探望。

横江的铁锁链，已深深地埋于江底；豪壮的气概，早已淹没在野草之中。傍晚的天气渐渐转凉，秋月澄明。回想那精美辉煌的楼宇宫殿，如今是人去楼空，只有那楼影，空映在秦淮河的河水中……

按多年养成的习惯，每写完一首词，李煜都会让歌伎谱成曲子排练演唱。因此，李煜的词一出来，立即会被坊间歌伎演奏并竞相传播，一时红遍大江南北。

相比在南唐时那些书写风花雪月、纸醉金迷的艳词，在汴梁的这段日子受尽人生折磨，李煜的词更加凄美冷艳，被谱成曲后更受关注。

宋太宗赵光义本身心胸狭隘，又怎能容忍早已沦为"阶下囚"的李煜在汴梁借诗词扬名立万！

"李煜啊，你只是我大宋的阶下囚而已，我朝上上下下已仁至义尽，你却在这里整天感叹'故国''天下'云云。表面上百依百顺，内心深处却从未顺从，如此不知收敛，真是让朕痛恨！"

怕就怕李煜词作的号召力和影响力在民间不断扩大，思前想后，赵光义觉得必须要严加防范和监视，一定要摸清楚李煜他到底想干什么。

派谁去摸清李煜的底细呢？选来选去，赵光义最终决定派已经投诚的南唐旧臣徐铉前去李煜住所，这样更利于打探李煜的真实心迹以及各种虚实……

（三十七）何以解忧 唯有杜康

　　在汴梁毕竟不像在金陵，李煜不再是那个众人拥戴的皇帝，只是一个受尽屈辱、任人摆布的囚徒。幸运的是，一首首饱含深情、书写命运坎坷和人世沧桑的词作让李煜一直漂泊的灵魂找到了寄托，也让他以一个文人而非帝王的身份在红尘俗世里重获新生。

　　南唐旧臣徐铉按照宋太宗赵光义的旨意前去"探望"李煜。这时候，李煜已被软禁很久，一直不被允许与人相见。对于这个突如其来的南唐旧臣，李煜一点儿都没有感到意外和怀疑，像见到了多年失散的亲人一般，拉着对方的手痛哭流涕。该说的，不该说的，全都一股脑儿倒了出来，毫无防范，也没有任何保留。

　　李煜像个孩子一样，把自己的诸多无奈跟痛楚一一向徐铉倾吐，同时还痛心反省起自己的过去，痛悔当初偏听偏信误杀了忠臣潘佑、李平（当年力主抵抗宋朝的两位大臣），贻误了朝政，如今才落得自食其果的悲惨下场。

　　徐铉为了能在乱世中苟活下来，虽然对宋称臣，但对旧主其实还是有同情心的，若可以，他宁愿自己没有听到李煜说的这些话。但毕竟已是宋臣，对于李煜所言所诉，奉命而来的徐铉在宋太宗赵光义面前自然不敢隐瞒，因为身边也有眼线盯着他。如此一来，"探望"完李煜，徐铉只有将其所言原原本本地告诉了宋太宗。这无疑再次激起宋太宗对李煜的愤怒和不满，逐渐起了杀心……

寄人篱下、饱尝炎凉的囚徒生活，使李煜越来越对人生丧失信心。百无聊赖，他只有借酒浇愁，常常杯不离手，通宵达旦，喝得烂醉如泥，完全把醉酒当作是自己医治现实绝望和痛苦的唯一方法。

在一首名为《乌夜啼·昨夜风兼雨》的词中，李煜这样写道：

昨夜风兼雨，帘帏飒飒秋声。烛残漏断频欹枕，起坐不能平。

世事漫随流水，算来一梦浮生。醉乡路稳宜频到，此外不堪行。

昨夜风雨交加，遮窗的帐子被秋风吹得飒飒作响，窗户外传来了令人心烦的风声雨声，整整响了一夜。蜡烛燃烧得所剩无几，壶中水已漏尽，我不停地多次起来斜靠在枕头上，辗转难眠，不论是躺下还是坐起来思绪都不能够平稳。

人世间的事情，如同流水东逝，说过去就过去了，想一想我李煜这一生，就像是做了一场大梦，以前的荣华富贵生活已一去不复返了。只有喝醉了酒才能排遣此时此刻压在我心中的无限苦闷，醉乡道路平坦也无忧愁，可常去，别的地方不能去，别的方法也都行不通……

赵匡胤尚在位时，看到李煜终日狂饮，曾命人每日供应好酒三石，后来怕他饮酒伤身悄然中止。对于靠酒进行自我麻醉的李煜来说，没了酒等于断了血脉。无奈之下，他只好在赵光义即位后上疏乞请，赵光义朱笔批复，继续对他供酒。

不只如此，这位当日"富有四海"的君主，北上降宋时随船载运的金银珠宝，没过多久就让他和后妃耗费殆尽。为了能活下去，他不得不向继位不久的新皇赵光义上奏折哭穷。赵光义虽然很不高兴，但鉴于自己刚刚登基，为显示对降王的宽宏大度，特批每月为他增俸三百万钱。

最使李煜担心的是，他怕自己心神不宁，虑事失误，特别是怕草拟奏疏失于推敲招致大祸，于是又呈上《不敢再乞潘慎修掌记室手表》：

> 昨因先皇临御，问臣颇有旧人相伴否？臣即乞徐元楀。元楀方在幼年，于笺表素不谙习。后来因出外，问得刘曾乞得广南旧人洪侃。今来，已蒙遣到徐元楀，其潘慎修更不敢陈乞。所有表章，臣且勉励躬亲。臣亡国残骸，死亡无日。岂敢别生侥觊，干挠天聪。只虑章奏之间，有失恭慎。伏望睿慈，察臣素心。

赵光义披阅完表文后，降旨照准，令潘慎修以右赞善大夫的头衔，往李煜处同光禄寺丞徐元枏共掌记室，主持笔札事宜，这才使压在李煜心里的那块石头落地。

光阴似箭，日月如梭，一转眼就到了公元 978 年。

过完春节，汴梁城里春色渐起，尽管不如"杂花生树，群莺乱飞"的江南水乡，但也带来了一派"草色遥看近却无"的盎然生机。春风、春雨、春草、春花，反倒勾起了李煜对人生的哀伤，使他联想到自己生活中业已消失的春光，尤其是在金陵度过的那些美好的岁月，和眼前"五更惆怅回孤枕，犹自残灯照落花"的愁苦相比，反差实在太大了。

日有所思，夜有所梦。梦中，李煜如醍醐灌顶，感到无比清爽舒适。他觉得自己从愁眉苦脸的臣虏，摇身一变，成了怡然自乐的飞天，在不知不觉间扶摇直上蓝天，又穿云破雾，飘然回到了山明水秀、草绿花红的金陵。

昔日的文臣武将和后妃宫娥闻讯，无不笑逐颜开。他们奔走相告，欣喜若狂。君臣久别重逢，争相叙旧，随后众星拱月，结伴出游。畅游了久违的御苑，又乘车马前往秦淮河水上荡舟。在垂柳摇曳、碧波荡漾的秦淮河上，彩船画舫鱼贯而行，绮窗珠帘之内，飘出阵阵笑语欢歌。

李煜尽兴地陶醉在赏心悦目的波光桨影里，把降宋后的一切痛苦和烦恼，全都抛到了九霄云外。在这美妙的梦境里，他释去了心头的重压，像久居荒漠的人初次来到水乡，一边观赏芦花深处停泊的孤舟，一边谛听月夜画楼缥缈的笛声。

梦境再美，毕竟是可望而不可即的海市蜃楼；

梦境再长，也总有被鸡鸣和雷电截断的时候。

从美梦中醒来，李煜发现自己依旧被禁锢在征服者"赏赐"的宅院里，继续咀嚼着臣虏生活的辛酸和苦涩。

午夜深处，每一次梦游故国后醒来，李煜总是唏嘘啜泣，涕泪沾襟，欲语还休，不胜悲痛。梦中出现的故人和往事，又引发他对旧日情缘的思恋，如妖似魔，无穷无尽的纠缠，让他不得安宁。

尤其在暮春时节的雨夜，恰恰是李煜臣虏生活中最为伤神的时光。帘外的潺潺细雨，不仅使他深感春意阑珊，而且为他本来就够凄凉的心境又添一重凛冽的寒意，使他的身心愈加感到冰冷。

黄粱美梦太短，没等李煜仔细品味，便被报晓的声声鸡鸣惊破，他只好失魂落魄地再回到冷酷的现实世界。倍感孤独的李煜最怕凭栏远眺，每逢此时他都会触景生情，遥想关山阻隔的宫殿陵墓，慨叹流水落花的三代基业，痛感故国难归，江山难见，天上人间，永无相会之时。

思前想后，再看看当下的处境，李煜忍不住泪雨滂沱，一首让世人读后同样心碎的《浪淘沙令》跃然宣纸之上：

帘外雨潺潺，春意阑珊，罗衾不耐五更寒。梦里不知身是客，一晌贪欢。

独自莫凭栏！无限江山，别时容易见时难。流水落花春去也，天上人间。

你看，门帘外传来雨声潺潺，浓郁的春意又要凋残。罗织的锦被抵挡不了五更时的冷寒。只有迷梦中忘掉自身是羁旅之客，才能享受片时的欢娱。独自一人就不要在太阳下山时在高楼上遥望远方，因为一想到旧时拥有的无限江山，心中便会泛起无限的伤感。离别容易，可要再相见是何等的艰难啊。像流逝的江水、凋落的红花跟春天一起离去，今昔对比，一个是在天上，一个是在人间……

被历史的潮流从浪峰无情地抛进波谷，尽管在感情上，李煜实在有些无法忍受，但在理智上，却不得不承认这就是现实。国亡身虏的残酷现实，注定了他再也无力改变政治上失败的命运，就连当年仅有的那点抗宋的豪言壮志，如今也都付诸东流。

所有的希冀、一切关于美好的期盼，都被降宋后的长久软禁和无端羞辱的生活给消磨殆尽了……

"对酒当歌，人生几何！譬如朝露，去日苦多。

慨当以慷，忧思难忘。何以解忧？唯有杜康……"

（三十八）被赐牵酒　命丧七夕

公元 978 年七月初七，又是一年一度的七夕节，李煜迎来 42 岁生日。

这天夜里，随同李煜一起来汴梁归降北宋的后妃们，齐聚在李煜寓居的小院，既为李煜做寿，又为自己乞巧。

虽然场面、气氛根本无法同亡国前的情形相比，但还像在金陵时一样，照旧在庭院里张灯结彩，摆放祝福牛郎织女鹊桥相会的酒食瓜果，还有拜月乞巧用的金针彩线。

在这月色朦胧、充满浪漫气息的夜晚，大家却调动不起来欢乐的情绪，内心无比凄凉。与其说这是一次祝寿乞巧的喜庆聚会，不如说是一群"天涯沦落人"忍气吞声的团聚。尽管席间也有丝竹伴奏，也有舒袖歌舞，但大家内心深处都承受着难以言表的压抑和痛楚。

酒过三巡，李煜一想起三年来沦为皇帝囚徒生活的种种苦涩，忍不住潸然泪下。每逢春花开、秋月明，触景生情，都会使他牵肠挂肚，勾起对不堪回首岁月及往事的无限思念。

故国的雕栏玉砌依然，只不过早已时过境迁、物是人非，过去和现在截然不同的身份和地位，金陵和汴梁一个在天上一个在地上的生活，巨大的失落感常常使他心力交瘁。

无穷无尽的愁绪，就像泛着春潮的大江大河，在李煜的胸膛里不停地翻腾着、咆哮着……

想得越多，痛苦也就越多。李煜突然倒满一大杯烈酒，仰头灌进燃烧的喉咙，接着大喊一声"笔墨侍候"。随后濡墨运笔，一气呵成写下著名词作《虞美人》：

春花秋月何时了？往事知多少。小楼昨夜又东风，故国不堪回首月明中。

雕栏玉砌应犹在，只是朱颜改。问君能有几多愁？恰似一江春水向东流。

春花年年开放，秋月年年明亮，时光什么时候才能了结呢？在过去的岁月里，我们经历了太多太多令人伤心难过的往事。小楼昨夜又有东风吹来，登楼望月又忍不住回首故国，旧日金陵城里精雕细刻的栏杆、玉石砌成的台阶应该还都在吧，只不过里面住的人已经换了。要问心中的愁和恨究竟有多少，大概就像东流的滔滔春水一样，无穷无尽……

写罢，李煜将词交给通晓音律的后妃依调演唱，自己则在一旁击节轻声应和。让李煜万万没有想到的是，这首在七夕之夜借酒消愁、即兴而作的《虞美人》竟成了他的绝命词！

"礼贤宅"内日夜有人监视着李煜的一举一动，宋太宗赵光义接到耳目呈送的李煜活动的最新探报后，暴跳如雷。这个心地狭窄、嫉贤妒能的皇帝，怎能容忍国亡身虏的南唐末帝在大宋京师如此大张旗鼓地怀念故国？

赵光义对降王最基本的要求是乐不思蜀，又怎能容忍李煜以诗词之名，大肆发泄内心的愤懑？

想到李煜归降后写的一些词作，日前正在江南大地广为流传，赵光义强烈地意识到：李煜活在世间，就是南唐死灰复燃的希望，就是大宋一统江山的潜在威胁！基于此，他决定就在今晚除掉李煜，让他生于七夕，也死于七夕！

不仅如此，还要让李煜死后也不能保持安详平静的姿势，一定要让李煜的尸体作俯首屈身之状，以示永世臣服于他和大宋。

于是，一幕惨绝人寰的悲剧在原本象征美好的七夕之夜上演了！

赵光义紧急宣召对李煜很有好感、与之来往密切的弟弟赵廷美进宫，谎称在此吉日良辰，要他专程前往李煜府第代表天子为其祝寿，并赐一剂"牵机妙药"，供李煜和酒服后扶摇星汉，观赏织女牵机织布，以解胸中郁闷。

赵廷美平日嗜好诗词歌赋，不喜战阵弓马，他异常钦佩李煜的诗艺文采，二人过从甚密，颇具私谊。他欣然接受了赵光义的差遣，而对赵光义借刀杀人的阴谋却毫无察觉。

迂腐的李煜送走了心地善良的赵廷美之后，服下赵光义事前命宫廷御医特制的牵机药后当即中毒，面色苍白，汗流如注，五内剧痛，全身痉挛，头足相就，状似牵机。

经过一番痛苦挣扎和呻吟，这个风流半世、哀伤半世的词人帝王，在翌日凌晨，即他刚刚跨入人生的第 42 个年头，气绝身亡。

42 年前，一目双瞳、天生异相，备受南唐上上下下关注的李煜生于七夕；

42 年后，在政治上失败却在文坛成就千古词帝美名的李煜又死于七夕。

就李煜而言，人生的终点与起点的重叠，并不是什么巧合，很显然这是来自强权的刻意摧残和人为的歹毒安排！

李煜死后，宋太宗赵光义在文武百官面前虚情假意地赠其太师头衔，又追封吴王谥号，还特诏辍朝三日哀悼，最后以隆重的王礼将李煜厚葬于北邙山……

没过多久，受尽赵光义凌辱的小周后精神恍惚，最终也含恨离世，时年 29 岁，死在了与她的姐姐周娥皇同样的年龄，仿佛也是一种宿命。

顺遂小周后临终前的遗愿，在徐铉等南唐旧臣的百般努力下，最后也让其同葬北邙山，跟李煜做了一对生死鸳鸯。

世事如烟，恰似白驹过隙；万象轮回，不过忽然而已。

就在李煜被赐鸩酒中毒而亡后的第 149 年，大宋王朝都城汴梁也被来势汹汹的金兵铁骑踏破，宋太宗赵光义的后代宋徽宗赵佶（即宋朝第八位皇帝）被金兵俘虏，也一样沦为"皇帝囚徒"。

在被押往金国都城谒见金太祖完颜阿骨打庙宇途中，宋徽宗回望支离破碎的故国山河，在泪雨滂沱中写下一首名为《燕山亭》的词。跟李煜的绝命词《虞美人》一样，《燕山亭》以词为花、为酒、为纸钱，一边回首过往岁月、凭吊"别时容易见时难"的江山，一边哀叹自己悲苦无告、横遭摧残的末路人生：

　　裁剪冰绡，轻叠数重，淡着燕脂匀注。新样靓妆，艳溢香融，羞杀蕊珠宫女。易得凋零，更多少、无情风雨。愁苦。闲院落凄凉，几番春暮。
　　凭寄离恨重重，这双燕，何曾会人言语。天遥地远，万水千山，知他故宫何处。怎不思量，除梦里、有时曾去。无据。和梦也、新来不做。

剪裁好白色的丝绸，轻轻叠成数层，将淡淡的胭脂均匀地涂抹，时髦的漂亮衣服，艳丽的色彩融入四溢的清香，羞杀了天上的蕊珠宫女。红颜易凋零，更何况经历了无情的风雨，面对愁苦的情景，叩问凄凉的院落，还要经受几番春暮。

谁帮我寄去重重的离愁？这双飞的燕子哪里懂得人间的苦痛？天遥地远，万水千山阻隔，哪里知道故园今在何处？只有在梦中有时曾去。就连梦也难做成，因我痛苦得彻夜难眠……

世事无常，道不尽的冷暖悲欢，了不尽的情仇爱恨，终究都会化作过眼云烟。

唯有那潋滟旖旎的秦淮河水，还有像李煜那样用鲜血和生命书写的诗词，能穿越千年，从岁月深处汩汩而来，又向着岁月深处汩汩而去……

无言独上西楼，月如钩。寂寞梧桐深院锁清秋。

剪不断，理还乱，是离愁，别是一番滋味在心头。

千年之后，繁华落尽；冷暖悲欢，皆是过往。

倘若芸芸众生渡完前世的劫，尔后真的有轮回或来生，想必后半辈子无比凄苦悲凉的南唐后主李煜，不会再如当时那般孤独。转眼千年，花开花落，冬去春来，后主的很多词都成了千古绝唱，无论是诵、咏，还是唱，一样余音绕梁。

少年时代就开始陆续接触后主的词，无论是前期的，还是后期的，无论书写浪漫欢喜，抑或记录孤独血泪，都一样让人在品读时灵魂很快得以安静。

仔细想来，真正扣人心弦、引发共鸣的作品，诗歌也好，词作也罢，都一样饱含深情，背后都隐藏着如李煜般一段段或喜或悲的人生经历跟故事，所以才让我们心生喜悦和温暖，也同时产生悲悯或同情。

那些年，不管是在象牙塔，还是在业余时间，读后主的词，总是断断续续，不成体系，也没有系统地去研读他的词和他大悲大喜的一生。庚子年间，应紫云传媒之邀，结合过去在长篇小说和散文上的创作经验积累，尝试传记类作品创作。起初编辑问我喜欢谁的诗词，第一时间浮现在脑海的，竟是李煜！

人海茫茫，很多时候很多事都是缘分。重温后主广为流传下来的诸多经典词作，再从零碎缥缈、众说纷纭的史料中，感受一首首脍炙人口的词作背后他所经历的那些冷暖悲欢，这才慢慢开始懂他。

这一段为后主立传之旅，也是一场灵魂对话之旅。依托后主不同时期所作的词，在试图还原这些词背后人生旅痕过程中，跟着他一起感受着人生潮起潮落的喜乐与悲伤，这才渐渐明白他的淳朴、他的向往、他的无奈、他的沧桑。

李煜的一生复杂多变，波澜起伏，悲喜交加。刚出生时一目双瞳、天生异相的他，备受祖父唐烈祖李昪、父亲唐元宗李璟以及文武百官、黎民百姓的宠爱，也因此度过了无比幸福美好的童年。

慢慢长大后，因为无法避免的皇权斗争，即便他从小就无心权术，对储君及皇位丝毫不感兴趣，也难免卷入其中。曾一度被太子李弘冀视为"眼中钉""肉中刺"，处处刁难、百般打压，"豆萁相煎"让他感到无比痛苦、倍感压抑。

就在此时，绝代佳人周娥皇的出现，一下子弥补了太子哥哥带给李煜成长岁月里的创伤，琴瑟和鸣、耳鬓厮磨，甜美到让老天爷都嫉妒的爱情，使他重新燃起了对生命美好的种种期待。

心胸狭窄的太子哥哥谋杀皇叔李景遂一事最终真相大白，引起人神共愤，太子被废后没多久变得疯疯癫癫，死于惶恐噩梦之中。让李煜万万没想到的是，他阴差阳错成了皇长子，顺理成章地成了南唐储君，最后继承大统，尽管他从来不想做皇帝。

命运好像一直在跟后主李煜开玩笑，见不得他好，也不忍他太苦。享受柔情蜜意、莺歌燕舞没多长时间，就从父皇手中接下风雨飘摇的南唐朝政，回天无术、迷途难返，家国天下、江山社稷，担子实在太沉了，压得他几近窒息。

更让李煜悲恸欲绝的还在后头。爱子仲宣、爱妻娥皇、圣尊后的接连离世，让他在为国事烦忧时又尝尽至亲至爱生离死别之痛，中年足够丧，命运足够多舛。

内忧外患、离愁别恨，几乎将李煜带到了崩溃的边缘，这时小周后的出现给他带来无限温情与柔软。虽然跟小周后之间的感情起初是在偷偷摸摸中进行的，多少有些不光彩的味道，也着实对不起病入膏肓的娥皇，但最终还算圆满。假如没有小周后的出现，李煜的后半生兴许会更加悲惨、凄凉。

同样病入膏肓的还有南唐这三千里山河，自元宗时候起，就朝纲不稳，沉疴太多，李煜原本想做个励精图治的好皇帝，但实在无能为力，放眼上下，到处是窟窿，怎么堵都堵不上。干脆沉迷于酒池肉林，在声色犬马、莺歌燕舞中贪图享乐，在词的王国中做个真正的"词帝"吧。

"业精于勤荒于嬉，行成于思毁于随。"自古以来，打江山容易，守江山难。作为一国之主，长期沉迷声色，不为江山社稷而殚精竭虑，终究会丢了江山、毁了社稷、葬了自己。节节失利的南唐，自元宗时代起不断降格，起初成为北宋的附庸，后主时代又全面贬损改"南唐"为"江南"，最后彻底亡国，可悲可叹！

"世事漫随流水，算来一梦浮生。"

昨日还是一国之君，享尽荣华富贵；今日却成阶下之囚，受尽屈辱折磨。

整体来看，李煜的一生有多欢喜，就有多悲伤；命运起初有多眷顾他，之后就有多折磨他。

历经人生的大悲大喜，时间证明了李煜作为一代帝王的平庸，也证明了他作为"千古词帝"的不朽。"国家不幸诗家幸，赋到沧桑句便工。"难怪后人通过后主那些情感充沛的词不由为他感叹：做个才子真绝代，可怜薄命做君王……

以词为命，以文寄情，从浓词艳曲到哀恨悲鸣，记录着李煜一生万千悲欢冷暖。春花秋月，天上人间，今夕何夕，后主的悲欢从流传千年的词笺中缓缓走来，又在时间长河中默默转身离开……

"四十年来家国，三千里地山河。"浮生若梦似水流，花开花落几度秋。无论欢乐，无论悲伤，回眸时一切皆是过眼云烟……